CORAÇÃO
PERDOADOR

NILCE SOUSA & AMIGOS

Prefácio José Rodrigues

CORAÇÃO PERDOADOR

1ª Edição: 2018

Texto	*Nilce Sousa*
Coordenação Editorial	*Nilce Sousa*
Edição	*Regiane Ibernon Prates*
Revisão e Revisão Final	*Marcio Augusto Prates*
Capa, Diagramação e Projeto Gráfico	*Guilherme Sousa*

S725c Sousa, Nilce
      Coração perdoador / Nilce Sousa; prefácio: José Rodrigues. – 1. ed. – Caldas Novas - GO : Cevi, 2018.
      148 p.

ISBN: 978-85-5705-019-8
      Inclui bibliografia

      1. Perdão. 2. Vida Cristã. 3. Crescimento Espiritual.
I. Título.

CDU: 248

Catalogação na publicação por: Onélia Silva Guimarães CRB-14/071

Publicado no Brasil por: Cevi Produções
Rua Dona Tomázia Dias Carneiro,
Quadra 03, Lote 02 - Vila Moraes Caldas Novas (GO), Brasil
CEP: 75.690-000
Telefone: (64) 3453-1246

DEDICATÓRIA

A todos os que lutam com seus sentimentos para se tornarem pessoas melhores, que não desistiram da vida, que perseveram incansavelmente para que tenham um coração perdoador e que amam incondicionalmente e sem dor.

A todos os que adquiriram este livro, que estão dispostos a conhecer mais sobre si, sobre Deus e sobre o próximo. Aliás, que cada um possa transferir conhecimento. Tudo o que o seu coração ouvir no secreto com este material, fale ao vento para que todos possam aprender também.

AGRADECIMENTOS

Ao Pai, por me escolher, antes do meu nascimento, para esta obra. A Jesus, por me chamar e confiar seu ministério na Terra. E ao Espírito Santo, por não desistir de mim.

A todos os que, de maneira direta ou indireta, fizeram parte da minha história, ajudando-me a ser uma pessoa melhor.

Aos pastores amigos, que acreditaram no meu caráter e ministério, investiram e me apoiaram. E aos meus familiares, com quem sempre posso contar em momentos tristes e alegres. São essenciais para mim!

De forma especial, a todos da minha equipe editorial, que fizeram tudo para que este projeto acontecesse a tempo. E aos amigos e parceiros que escreveram comigo esta obra, cuja participação enriqueceu muito o material.

A todos os que caminham comigo na Geração do Bem, servindo a Caldas Novas (GO) e a outras cidades. Esse sonho só é possível porque essas pessoas têm o coração no bem e fazem tudo para mudar a realidade no Brasil.

Amo muito todos os que foram citados. São muito importantes para mim!

SUMÁRIO

PREFÁCIO

Eu conheço a Nilce Sousa há muito tempo, em torno de 10 anos, e o testemunho que tenho a seu respeito é de que se trata de uma pessoa realmente de Deus, que ama Jesus verdadeiramente e que sempre está em busca de algo maior nEle.

Além de pastora, Nilce é uma escritora extraordinária. Quando ela veio para a MCM (Missão Cristã Mundial), publicou alguns livros, especialmente os sobre crianças, que impressionaram a todos. E de fato ela é alguém que tem uma veia de revelação para a escrita.

Com certeza, este livro sobre perdão deverá abençoar muito a todos os que lerem, até mesmo pelo fato de que a autora vive isso. Conheço a Nilce, sua história, sua postura. É uma pessoa que não desiste e que vai sempre em frente, sem parar.

Diferente do que costuma acontecer, quando a Nilce foi para Caldas Novas (GO), algum tempo atrás, após passar vários anos na MCM, não deixou a casa do pai. Ela deu sequência no seu ministério em outra cidade, mas continuamos ligados.

Então, a Nilce é uma pessoa a quem eu abençoo, aprovo e indico. Aliás, faço aqui a minha indicação para a leitura deste livro também. Com toda certeza, "Coração Perdoador" deverá mudar a sua vida, especialmente o seu modo de pensar a respeito do perdão.

Aliás, este livro vem em um momento muito importante para a Igreja brasileira, com pastores se suicidando, outros em depressão, crentes cansados e que ainda não encontraram a verdadeira conversão. Espero e tenho certeza de que, lendo esta obra, você será extremamente abençoado.

José Rodrigues
Pastor e presidente da MCM

APRESENTAÇÃO
(PERDÃO, UMA FORÇA PARA SEGUIR)

Segundo o dicionário, a palavra perdão significa "remissão de pena, de ofensa, de dívida; desculpa; ato pelo qual uma pessoa é desobrigada de cumprir o que era de seu dever ou obrigação por quem competia exigi-lo".

Quem de nós nunca teve uma experiência com essa palavrinha chamada perdão? E quem também, desde a sua tenra idade, não precisou enfrentar frustrações, decepções, angústias, lutos, dores e mágoas? Esses sentimentos agem na mente e, por vezes, se tornam tão grandes que se faz necessário administrar tudo com muito desgaste emocional.

Os nossos conteúdos internos precisam de ajuda externa para conduzir a criatividade mental humana. É importante que haja entendimento e discernimento se aquilo que acontece dentro das pessoas é de ordem real ou irreal, se tem a ver com fantasias ou mesmo se é relacionado a experiências do passado.

A vida em que há a liberação de perdão aos ofensores traz um quadro bem diferente da vida na masmorra em que são colocados os que optam por não perdoar ao próximo por suas ofensas e nem a si mesmos por seus eventuais erros. Nesse segundo caso, se vive em uma prisão, em um lugar terrível e obscuro que adoece oportunamente o corpo da vítima.

Recordo-me de uma pessoa que teve câncer de pulmão e, numa das conversas que tivemos, ela deixou claras duas coisas interessantes. Uma foi que em sua família não havia casos diagnosticados de tal doença. A outra tinha a ver com as suas falas, que continham sempre sinais de mágoas profundas e de longas datas, com a falta de perdão carregada em seu peito.

O que a Ciência fala sobre o perdão?

Para os cientistas, as pessoas que têm disposição em perdoar, independente de qual seja o quadro traumático (abuso sexual, violência, traição, homicídio, etc), apresentam melhoras surpreendentes no físico e no psicológico, na comparação com os demais casos de controle. Assim como quem está doente precisa de um diagnóstico e uma administração terapêutica com medicamentos em horários preestabelecidos, assim o ofendido em processo de cura também deve receber ajuda de quem possa facilitar a sua jornada rumo à liberdade interna.

Seguindo o paralelo da medicação, tempo e doses para alcançar a cura, a mente humana também precisa do uso de técnicas específicas que levem ao entendimento, esclarecimento e compreensão dos fatos que a afetaram negativamente. Assim, a pessoa pode expressar catarses (choros), palavras, sentimentos, que saem de dentro para fora, provocando reações biológicas favoráveis em seu corpo, que a liberam de algo tóxico.

Aquele que foi ofendido experimenta a alegria de deixar o outro livre, alcançando também, ele próprio, liberdade em relação ao que o consumia. Ao ver o ofensor, a pessoa se lembra da ofensa, mas não tem as mesmas reações prejudiciais que somatizaram em doenças desagradáveis para o seu corpo.

O que a Psicologia fala sobre o perdão?

O perdão e a culpa andam juntos, assim como o amor e o ódio. Percebe-se que, nas suas convivências, as pessoas lidam com um desafio extremo no que diz respeito a perdoar. Tanto a si próprias quanto aos outros.

Em "Terapia Centrada no Cliente" (Editora Ediual, 2004), Carl Rogers fala de como se faz necessário viver o "aqui e agora" quando se trata de bem-estar. Para ele, o passado ficou para trás e nos resta mesmo somente o presente para pensarmos e desfrutarmos. Assim, ao perdoarmos as nossas próprias culpas e encararmos os nossos erros, nos tornamos livres e adquirimos um conforto interno.

O autoperdão de que está sendo falado passa pela maturidade de pensar sobre as nossas ações, reconhecendo as falhas e as fraquezas. Para tanto, precisamos nos olhar e encarar os nossos inimigos internos. E tal enfrentamento exige de cada pessoa estruturas psicológicas maduras.

Quando permitimos o autoperdão, caminhamos para experiências de maturidade cada vez mais profundas. Tornamo-nos mais preparados para decisões de níveis mais altos. O resultado disso é um amor próprio maior, o que nos capacita a estendê-lo ao próximo. Ao praticarmos esse tipo de perdão, aceitamos que há áreas em nossas vidas que ainda precisam ser desenvolvidas em nossa potencialidade psíquica ou emocional.

Algo importante de se observar é que o autoperdão se torna libertador no sentido de que não mais estamos presos no passado e libertamos o nosso corpo de possibilidades de doenças psicossomáticas e emocionais. Além de nos fazer abertos para amar cada vez mais, ele nos deixa mais serenos e nos ensina o caminho da resiliência.

Outro benefício do autoperdão é que ele combate a ansiedade sobre o ocorrido. Para o nosso bem, precisamos e devemos praticá-lo, bem como o perdão ao próximo, nos tornando libertos. Assim, não é mais necessário que se tenha fixações neuróticas sobre o ofensor do passado, o que poderia bloquear o crescimento do futuro.

O que a Bíblia fala sobre o perdão?

"Confessai, pois, os vossos pecados uns aos outros e orai uns pelos outros, para serdes curados. Muito pode, por sua eficácia, a súplica do justo." Tiago 5:16

Jesus foi o maior exemplo de perdão que poderíamos conhecer. Um campeão nessa área também! Mesmo sendo rejeitado por muitos, Ele retribuía as ofensas em ações de cura aos enfermos, transformações de mulheres rejeitadas, união de famílias, libertação de cativos mentais e espirituais, entre outras práticas.

Em Marcos 11:26, vemos que Jesus disse: "Se vocês não perdoarem, o seu Pai que está nos céus não perdoará os seus pecados". E em Mateus 5:44: "Ame os seus inimigos e ore por aqueles que o perseguem". Esses textos e tantos outros da Bíblia nos mostram um caminho diferente do que a sociedade em geral nos apresenta.

As Escrituras andam na contramão de tudo o que nos parece ser confortável. Como vimos, ela nos pede para amar os nossos inimigos e orar pelos que nos perseguem. Seria melhor e mais lógico em nossa ótica, amar os amigos e odiar os inimigos. Mas a verdade é que Jesus quebra paradigmas. Vejamos o texto que descreve o seu encontro com Maria Madalena.

"Os escribas e fariseus trouxeram a Jesus uma mulher apanhada em adultério; e, pondo-a no meio, disseram-lhe: Mestre, esta mulher foi apanhada, no próprio ato, adulterando. Na lei nos mandou Moisés que as tais sejam apedrejadas. Tu, pois, o que dizes?... Jesus, inclinando-se, escrevia com o dedo na terra. Como insistissem, perguntando-lhe, endireitou-se e disse-lhes: Aquele que dentre vós está sem pecado seja o primeiro que atire

pedra contra ela. E, tornando a inclinar-se, escrevia na terra. Quando ouviram isso, redarguidos da consciência, saíram um a um, a começar pelos mais velhos até aos últimos. Ficou só Jesus e a mulher que estava no meio." João 8:3-9

"Endireitando-se Jesus e não vendo ninguém mais do que a mulher, disse-lhe: Mulher, onde estão aqueles teus acusadores? Ninguém te condenou? E ela disse: Ninguém, Senhor. E disse-lhe Jesus: Nem eu também te condeno; vai-te e não peques mais." João 8:10 e 11

Através da fé, entendemos que andar com Jesus é um caminho de autoenfrentamento e de autoanálise. É um "se olhar no espelho". Para seguir a Ele, precisamos entender um pouco do que realmente vale a pena, estar abertos para novas experiências que transcendem as mesmices egocêntricas e saltar para valores eternos.

Ao Senhor Jesus, portanto, eu só tenho a dizer: "Muito obrigada por seu perdão! Ensina-me a perdoar os meus ofensores, assim como tens me perdoado".

Luzinete Maria de Peder Souza (Lu Peder)
Psicóloga, teóloga, pastora, esposa, mãe e agora avó de Rebeca

INTRODUÇÃO

Perdoar e esquecer são atitudes distintas que geram no nosso interior a mesma impressão. A ideia que se tem é que tudo passou e a situação está resolvida, pelo menos dentro de nós. Mas como saber se realmente perdoamos ou se jogamos a dor que existia no que podemos chamar de "vala do esquecimento", para não senti-la mais? Vou aprofundar nesse assunto no decorrer de todo este livro.

A dor é necessária, pois nos revela quando existe algo errado em nosso organismo. Com relação aos nossos sentimentos, não é diferente. Ela "corta a nossa alma como uma faca bem afiada". Fica nos nossos pensamentos o dia todo. É algo em relação ao qual dormimos pensando e acordamos nos lembrando. Tudo o que queremos é que sejamos livres de uma vez por todas do que dói.

Se no mundo existisse um remédio para eliminar a dor, com certeza, seria muito vendido. Mas não é dessa maneira que as coisas funcionam. Nós precisamos do Espírito Santo operando com sua graça sobre a nossas vidas. Precisamos também do tempo.

Muitas pessoas não conseguem esperar o tempo de cura e restauração dos seus sentimentos e tomam atitudes que acarretam mais dores e consequências ruins. Essas ações impensadas levam à perda de credibilidade, geram desconforto nos relacionamentos e incitam justiça própria. A nossa justiça não é a de Deus. Precisamos identificar quando queremos o que vem dEle e quando esperamos por vingança.

Perder a cabeça e agir sem pensar só traz mais dor e, no futuro, o arrependimento. No livro "Desafios da Águia 3 - Diamante" (2012), eu escrevo sobre a "síndrome de Caim", que é o caminho da vingança.

Enquanto os sentimentos de amargura em relação às pessoas e às situações estiverem no nosso coração, isso é nossa responsabilidade. Quando conseguimos liberá-los do nosso interior, já não nos preocupamos com o que irá acontecer. Então, entregamos nas mãos de Deus e confiamos nEle, que sabe como tratar cada um de nós. A Bíblia é clara em relação à postura que devemos ter em relação àqueles que nos ferem:

"Não vos vingueis a vós mesmos, amados, mas dai lugar à ira; porque está escrito: A mim pertence a vingança; Eu é que retribuirei, diz

Quando ficamos olhando os nossos ofensores e esperando o que Deus irá fazer em função do mal que estes nos acarretaram, há um sinal de que queremos "nos vingar". A palavra é esta mesmo: Vingança. Seguir nessa trilha não é viver o que Cristo nos ensinou sobre arrependimento e perdão. É, por outro lado, se manter no caminho que Caim escolheu, ou seja, o do acerto de contas com as próprias mãos.

A Bíblia relata que, quando Abel e Caim apresentaram as suas ofertas para Deus, a de um foi aceita e a de outro, não. No momento em que a do primeiro foi recebida, o semblante do segundo caiu. O Senhor, então, o alertou sobre o seu coração, dizendo que percebia o seu desapontamento, mas que não receberia a sua entrega. Ao invés de se arrepender e consertar o erro, Caim jogou a culpa no irmão. Escolheu o caminho da vingança e tirou-lhe a vida.

Como pastores e conselheiros, ouvimos queixas e questionamentos como: "Nada de mal acontece com o outro!". Eu mesma, indignada com algumas atitudes que nunca acreditei que viessem de certa pessoa em relação a mim, fui capaz de orar: "Deus, mate-o!". Que loucura! Os nossos sentimentos nos embriagam.

"Perdão é calar o seu sentimento, para reinar o de Cristo"
Anicélia Caramori

O próprio Deus passou por uma situação com o seu querubim ungido que vale ser registrada. Ezequiel 28 mostra que Lúcifer foi criado como um ser esplêndido e foi escolhido de forma especial. Ele era perfeito em formosura, possuía veste bordada com pedras preciosas e tinha acesso ao trono no céu. Mas um dia se achou iniquidade no seu coração. Quis ser igual ao Senhor, o seu Criador. Desejava reinar sobre as hostes celestiais, dividindo o governo celestial. É claro que não cumpriu seus planos e foi expulso da convivência com o Soberano. Junto dele, 30% dos anjos aliados também saíram.

Deus, contudo, não destruiu o seu ofensor. Então, é provável que também não irá destruir os nossos. Se, naquela ocasião, o Senhor tivesse aniquilado o seu inimigo, este não poderia contemplar a vitória de Cristo na cruz. O mesmo acontece conosco. O que não nos mata nos fortalece! Os nossos ofensores precisam estar bem fortes e robustos para que aplaudam de pé a nossa vitória. Mas, para chegar a esse tempo, precisamos destampar todos os "sepulcros caiados" do nosso interior. Esse é o lugar onde guardamos mágoas, comparadas aos ossos e restos mortais, apodrecidos e fétidos dentro de nós.

Nossos "sepulcros caiados" são mágoas, ressentimentos, iras, raivas, ódios, que roem nosso interior, nos contaminando e nos afastando dos dons e da manifestação do Espírito Santo. Eles atrapalham o mover de Deus nas nossas vidas. Não é o pecado que prejudica o agir do Senhor e sim a contaminação do nosso coração. Além do mais, essas coisas doem dentro de nós.

Não temos que perdoar apenas pelo outro, mas por nós mesmos e pelo Senhor. Como está escrito na oração do "Pai Nosso", não podemos querer que Ele perdoe os nossos pecados se não perdoarmos os nossos ofensores. Não é pelo mal que irá acontecer com o próximo e sim pelo bem que irá acontecer conosco.

A expressão perdoar significa "perder". É algo muito bonito de se analisar, mas de difícil compreensão para o nosso coração, pois não estamos acostumados a abrir mão. Somos condicionados a ganhar e a conquistar. No momento da dor, a possibilidade de lançar mão dos nossos direitos e da nossa justiça, para que vivamos os direitos e a justiça de Deus para nós, é praticamente inaceitável.

Eu gostaria muito de dizer que perdoar é fácil, mas não é. Há quem lute a vida toda para conseguir liberar perdão até mesmo para aqueles que são mais próximos. Estou falando da relação entre pessoas que possuam intimidade umas com as outras, como pais, mães, filhos, cônjuges, irmãos e amigos. Muitas convivem, por vezes, na aparência e não com o coração limpo.

Mesmo que a expressão perder não soe bem aos ouvidos do nosso coração, na verdade, estamos ganhando e não perdendo. Isso porque dinheiro nenhum paga a paz interior e os sentimentos curados e restaurados.

Deitar a cabeça no travesseiro em paz e acordar com pensamentos limpos não têm preço nem comparação. Nesse lugar, não há como nos escondermos de nós mesmos. E ainda que consigamos fingir para os outros, quando temos a oportunidade de que nos enfrentemos, não é possível fugir da verdade. Deus sonda o nosso coração e dEle ninguém se esconde.

"Senhor, tu me sondas e me conheces. Sabes quando me assento e quando me levanto; de longe penetras os meus pensamentos."
Salmos 139:1 e 2

Como nos livrar de nós mesmos? Como ter a mente de Cristo? Como ter seus pensamentos, sentimentos e emoções em nós? Acredito que é como está escrito na Palavra, purificando-nos. Ter a mente de Jesus é ter a sua essência em nós. Temos que nos esvaziar para que sejamos cheios dEle.

Quando estamos tomados por sentimentos maus, o Senhor não pode nos completar com os seus próprios sentimentos. O perdão é sempre uma decisão nossa. Precisamos nos abrir a receber aquilo que vem de Cristo. Decida perdoar por você mesmo! Decida ser livre da escravidão! Decida ser cheio do amor e da graça de Deus!

Ao perdoar, não estaremos esperando que algo ruim aconteça com o outro. E essas pessoas realmente não farão mais parte 24 horas por dia dos nossos pensamentos. Ficaremos livres e prontos para novos sentimentos. Enquanto doer em nós, precisaremos perdoar. Sentir saudade e amor pelo ofensor mostra ao nosso coração que estamos prontos para tal decisão.

Para nos livrar de uma enfermidade, precisamos fazer exames, descobrir do que se trata e tomar a medicação certa. Façamos o mesmo com a nossa alma. Devemos diagnosticar a intensidade da dor para nos livrarmos dela. Depois que sabemos o que precisa ser mudado dentro de nós, temos que caminhar para o perdão. Não queremos fazer uma maquiagem e sim uma cirurgia completa e, se precisar, um transplante. Mas convido você a não aceitar permanecer da maneira como está.

As consequências da falta de perdão

Estudos comprovam que a falta de perdão pode desencadear doenças emocionais e físicas, como depressão, hipertensão, dores de coluna e musculares e até mesmo câncer[1].

São enfermidades que se iniciam na mente e afloram no corpo, com reações estranhas e que, em muitos casos, a própria Medicina desconhece. São resultados de uma mente sendo levada cativa por uma força maior do que ela. Quando somos feridos por alguém ou frustrados por uma situação e isso se torna difícil de ser superado, somos atropelados por danos psicológicos. São as chamadas "doenças da alma"[2].

Pude aprender sobre isso quando a minha mãe foi diagnosticada com câncer. Enquanto acompanhava o seu tratamento, tive a oportunidade de descobrir quem e o que precisava perdoar. Assim, lutava com o meu próprio interior para não adquirir uma enfermidade daquela natureza. A minha mãe foi curada e ficou livre em seu emocional. Veio a falecer posteriormente, de problemas cardíacos.

1 - https://www.dm.com.br/opiniao/2015/07/as-consequencias-da-falta-de-perdao.html. Acessado em janeiro de 2018.

2 - https://www.portaleducacao.com.br/conteudo/artigos/psicologia/doencas-psicossomaticas/19962. Acessado em janeiro de 2018.

Uma pessoa que não libera perdão, que possui temperamento difícil, caráter não tratável e coração não ensinável tem todas as possibilidades de desenvolver enfermidades. Ela se priva de ser perdoada por Deus, pois o que não perdoa também não recebe isso.

"Quando estiverdes orando, se tendes alguma coisa contra alguém, perdoai, para que vosso Pai celestial vos perdoe as vossas ofensas. Mas, se não perdoardes, também vosso Pai celestial não vos perdoará as vossas ofensas." **Marcos 11:25 e 26**

CAPÍTULO 1

A VALA DO ESQUECIMENTO

Saber quando perdoamos ou quando jogamos os sentimentos e as pessoas na "vala do esquecimento" não é algo fácil de ser discernido. Tive uma experiência com alguém que eu tinha certeza de que havia perdoado, quando, na verdade, o que fiz foi jogar os ressentimentos nesse poço fundo de que estou falando.

No livro "Mergulhando em Deus" (2013), falo claramente que o Senhor nos faz passar por situações parecidas com as do nosso passado. O objetivo é nos trazer cura e vida onde só víamos dor e morte. Passei por um trauma muito grande quando criança, vendo os meus irmãos morrerem afogados, se debatendo para viver. Tudo isso bem à minha frente.

Quando estava lutando para ficar livre de toda aquela dor, pensamentos e lembranças, Deus me permitiu viver uma situação parecida. Nessa nova experiência, não vi pessoas que eu amava morrerem. Pelo contrário, pude ver livramento. O cenário em que meus parentes morreram (água) era lugar de morte. Mas passei a ver vida onde só via tristeza. Fui restaurada.

Entendo que Deus permite que vivamos experiências semelhantes àquelas que outrora foram traumáticas. Ele promove essas situações não para nos ver sofrer, mas para nos livrar da dor do nosso coração. Precisamos entender isso, ver tais ocorrências como aprendizado e sair o quanto antes daquele estado inicial.

Ficar revivendo o que aconteceu mostra que a pessoa não a superou. Se na segunda experiência houve aprendizado, não necessitamos da terceira, quarta e quinta. Precisamos ter um coração pronto e disposto a aprender e não ver tudo como castigo e punição de Deus. Quanto mais rápido aprendemos, mais rápido saímos da situação.

A expressão "o meu passado me persegue" é explicada aqui. Está sendo falado de situações que não resolvemos pessoalmente com o ofensor ou com o ofendido nem no nosso interior e que, pela sua misericórdia, Deus nos permite reviver para que possamos vencê-las. Se não superamos as circunstâncias desagradáveis, não mudamos a postura. De nada adiantará mudar exteriormente!

Na dor, há aqueles que mudam de cidade, trocam de Igreja, abandonam família e amizades, mas, um pouco à frente, encontram situações parecidas com as do passado. E é próprio Deus quem as promove. O objetivo é que se tornem pessoas melhores.

Para que haja um entendimento melhor sobre "vala do esquecimento", vou explicar o assunto tendo como base o meu próprio testemunho. Eu nunca fui muito boa para lidar com a dor. Então, era mais fácil criar poços no meu interior e jogar quem me feria lá. Sempre fui conhecida como "uma pessoa boa", que não brigava nem tinha inimigos. Após anos de conversão, descobri o motivo.

Lembro-me de que, quando adolescente, nunca reagia a uma provocação. Sempre que alguém brigava comigo ou me feria, eu não retribuía a ofensa. Mas fazia algo bem pior, jogava aquelas pessoas na "vala do esquecimento". Em outras palavras, "elas morriam para mim". "Não fediam nem cheiravam", como dizemos no Brasil.

Uma pessoa que houvesse me magoado podia conviver comigo na mesma festa, na escola ou outro ambiente, o que não fazia diferença. Nem a enxergava, muito menos queria conversa. Algo de bom era que não doía em mim. Eu não falava bem nem mal dela. Cheguei a ter um amigo que, após uma desavença, até jogávamos bola junto com os outros colegas à tarde, em frente à minha casa. O interessante é que fazíamos isso sem falar um com outro.

Havia uma garota na escola com a qual não me relacionava, mas que foi a uma das minhas festas de aniversário. Só que sequer me cumprimentou ou me parabenizou. Eu sabia que a menina estava lá e não fiz questão de ir ao seu encontro. Fingi simplesmente que ela não existia. E ninguém nunca me ouviu dizer nada a seu respeito.

Pela misericórdia de Deus, nunca tive uma experiência dessas com alguém da minha própria família. Isso não me justifica, pois não fui gerada por Deus para esse tipo de atitude. Desde que me converti, passei a ter esse entendimento. Eu compreendi que precisava parar com tal comportamento, pois não agradava o coração do Senhor. Por fora podia ser bom, mas por dentro se tornava podridão, fedia.

Passei a entender que não era certo querer que acontecesse com as pessoas o que não gostaria que Deus fizesse comigo. O outro também era filho do Pai celestial, tanto quanto eu. Então, não poderia desejar a ele o que não esperava para mim.

Quando Deus trouxe essa verdade ao meu coração, eu estava, sem perceber, jogando o meu pastor da época numa vala no meu interior. Passei a lutar muito para abrir esses poços internos que havia construído ao longo da minha vida. Busquei purificação intensa dentro do meu ser. Senti muita vergonha do Espírito Santo habitar em uma pessoa tão fedida como eu. Não conseguia compreender como Ele aguentava. Estava podre por dentro e as pessoas ainda me achavam cheia de Deus. Que vergonha!

Meu sepulcro caiado

Quando me dei conta de quem realmente era, me ajoelhei no chão do quarto com toda sinceridade do meu coração e comecei a anotar em um papel todas as atitudes e palavras que tinham me ferido. Talvez ser sincera não era algo que eu conseguia na época, pois passei uma vida inteira de falsidade. Colocava um sorriso no rosto, mas guardava mágoas e ressentimentos.

Pessoas que são como eu era no passado se escondem para que os outros não enxerguem o seu interior. Como a melhor defesa é o ataque, preferem ser juízas das atitudes e erros alheios. No meu caso, via os defeitos do meu líder, quando tudo aquilo estava também dentro de mim.

Voltando à história, peguei um papel e anotei: "O pastor falou isso, isso e isso. Fez isso, isso e isso!". A lista era grande e eu fiquei orgulhosa de ter encontrado tudo aquilo. Fui bem sincera e estava decidida que iria falar mesmo para ele aquelas coisas. Colocava tudo diante de Deus quando, de repente, o Espírito Santo falou uma frase no meu interior: "E os seus erros?".

Naquele momento, Deus estava a destampar o "sepulcro caiado" dentro de mim e eu consegui ver mágoa, ressentimento, ira, falta de perdão, etc. Chorei e chorei muito. Fiquei com vergonha de estar no Evangelho e de ser templo do Espírito Santo. Passei vários dias pedindo ao Senhor que me perdoasse e finalmente tive coragem de pedir perdão para o meu pastor.

Agora não se tratava dos erros e defeitos alheios, mas dos meus. Eu confessei que estava em pecado, "sentada na cadeira de juíza". Não o enxergava mais com os olhos e o coração de uma ovelha para com um pastor. Apresentei a ele os meus sentimentos escondidos, aqueles que o Espírito Santo havia me mostrado.

Estava finalmente aprendendo a abrir a vala que existia dentro de mim. E, claro, comecei a ver várias pessoas que tinha colocado nesse lugar. A partir dali, precisava me aproximar delas. E foi o que fiz. Como eu não era de ter inimizades, alguns nem desconfiavam o que se passava no meu interior. Havia quem sequer soubesse que tinha me ferido e que por isso a minha decisão teria sido me afastar definitivamente. Era algo tão íntimo que só eu e o Espírito Santo sabíamos.

Obediência ao Espírito Santo

O Espírito Santo me levou à casa de uma colega de serviço e eu estava aprendendo que quem busca conserto não é a pessoa que fere e sim a ferida. Até porque quem conhece a intensidade de uma dor é quem a sente. É ela quem sabe o quanto precisa da cura.

Aquela era realmente a única pessoa com quem já tivera problemas sérios no trabalho e todos sabiam que não combinávamos. Ela trabalhava diretamente comigo e não nos suportávamos mais. Se antes saíamos juntas, agora sequer conseguíamos trabalhar no mesmo ambiente. Aquele lugar realmente era muito pequeno para nós duas.

A minha colega tinha algumas atitudes que não teria como eu explicar. Por exemplo, me ligava, me xingando. Claro que a matei no meu interior! Lidar com a situação era algo muito difícil, pois toda a sua família era muito próxima de mim. A situação foi tão séria que me privei de conviver com alguns amigos queridos por causa do problema com ela.

Certo dia, eu e mais algumas pessoas passamos a noite em oração no monte. Já chegada a alta madrugada, decidi dormir na casa de uma irmã de sangue. Quando descia aquele lugar para ir embora, o Espírito Santo me disse:

- Passe na casa da "Fulana" e peça perdão!

Imediatamente, respondi a ele:

- Ela me ligou ontem e me xingou! Não viu isso?

Ele ficou em silêncio e entendi que era para obedecer. Então, lhe disse:

- Estou atrasada para ir a Goiânia com os meus amigos. Nós vamos fazer uma prova de concurso. Amanhã eu vou lá!

- Não deixe para amanhã o que você pode fazer hoje!

Então, parei na frente da casa daquela mulher. Seu irmão não acreditou que eu estava ali. Perguntei por sua presença e entrei na residência, sendo conduzida até o quarto onde ela dormia. Bati na porta e, ao entrar, o que fiz foi pedir perdão. Foi quando a minha colega de trabalho disse:

- Você sabe que te liguei ontem e te xinguei

- Sim! Eu me lembro! – respondi.

Conversamos sobre o assunto e aquela moça me mostrou um frasco de comprimidos na cabeceira de sua cama. Iria se levantar e tomá-los, com o intuito de morrer. Naquele dia, estava disposta a tirar a sua vida. Dialogamos sobre a situação, oramos e a orientei ir até uma Igreja. Seus familiares já estavam nos caminhos do Senhor e a ajudariam, se tentasse. Ela seguiu as minhas orientações. E Deus lhe abriu uma porta de emprego e lhe deu um bom marido e filhos. Sei que hoje está bem.

O Senhor me ensinou que a pessoa que mais eu julgava me odiar na vida estava apenas se defendendo de mim. O ataque é a melhor arma de defesa. Depois dessa experiência, tenho orado sempre a Deus: "Faça com que os meus inimigos se transformem em meus amigos e trabalhem a meu favor!".

Ela, com certeza, estava trabalhando a meu favor. Nossa experiência me ensinou a levar amor onde eu via ódio e perdão onde enxergava rancor. Desde então, tento encontrar dentro de mim onde errei e onde posso consertar. Não quero mais matar pessoas no meu interior. Não vivo na casa daquela irmã nem ela na minha, mas conseguimos conversar e sorrir quando nos vemos, sem mágoas.

"Perdoar é permitir que alguém renasça na sua história"

Amauri Duarte

Compreendi em Deus que, se Ele nos pedir para passar por uma situação desse nível, com certeza, os seus anjos serão enviados na nossa frente para preparar o ambiente e o seu Espírito desbloqueará o caminho, abrindo as portas dos corações.

Meu passado me perseguiu

Por mais que me policiasse e vigiasse as minhas atitudes, depois de muitos anos no Evangelho, inconscientemente criei uma vala e joguei alguém que amava muito dentro dela. Desta vez, acreditei realmente que havia perdoado.

Eu não entendi que Deus queria me tirar daquele nível que estava. Tinha sido conduzida pela minha alma (sentimentos) e coloquei o coração no que estava fazendo para o Senhor no momento. A obra que realizava não era mais dEle, era minha. E agora precisava abrir mão e seguir o meu caminho. O Senhor não me disse que deveria largar tudo. Ele simplesmente permitiu que tudo me fosse tirado.

Deus comigo como fez com Jó (é claro, em menores proporções). Em um dia tinha tudo e no outro não tinha nada. Até eu entender que era a permissão e vontade divina, levou um tempo. O caminho que precisei trilhar no período de dor não foi fácil. Olhei para o "homem" e, mesmo que não assumisse isso, acreditava no meu interior que ele havia tirado tudo de mim.

No tempo da dor, fui muito aconselhada a "deixar para lá", "seguir o meu caminho", "andar sem olhar para trás". E assim eu fiz. Por alguns anos, acreditei realmente que havia perdoado. Conseguia estar junto sem me incomodar e os pensamentos não me doíam mais.

Mas sei, por causa própria, que existe um tempo de dor e que não podemos ignorá-lo, pois faz parte do processo. O sofrimento era muito grande, estava em depressão e precisava sobreviver. Então, escondi no meu interior aquelas feridas e segui o meu caminho. As brigas acabaram, as mágoas e os ressentimentos foram embora. E o tempo passou.

Pela bondade de Deus, soube que uma pessoa da instituição que me feriu passou pelas mesmas lutas que eu. No início, todos ficaram muito abatidos e chocados. Após a verdade vir à tona, foram se esquecendo do que houve e, com o tempo, pararam de se lamentar e de pedir pela justiça de Deus.

Não foi, contudo, o que aconteceu comigo. Comecei a sentir como se a dor fosse minha. Com o tempo, passei a definhar. Fui parando de comer, de sair e quase não dormia. Então, o Espírito Santo colocou pessoas que me fizeram mal na minha frente. Certo dia, eu fui almoçar com uns amigos e lá estavam elas. Para minha surpresa, não gostei do que vi e fiquei triste. Olhei dentro de mim e descobri: Estava revivendo o sofrimento do meu passado.

Naquele momento, eu estava comparando as histórias, a minha dor com a do irmão que vivia a mesma situação que eu passei. Então, descobri que lá atrás eu não havia perdoado e sim jogado a pessoa responsável e a situação na "vala do esquecimento" dentro de mim.

Falei com a minha discipuladora, pastora Adriana, da MCM, e ela me aconselhou: "Mergulhe em Deus. Não é seu ministério, pastora Nilce?".

Entrei em casa, chorei e orei por alguns dias. Agora não estava mais deixando para lá a dor e sim dando lugar a ela para que houvesse a cura. Recebi a visita de uma pastora amiga, Tatiane, que tentou me levar para sair. A minha resposta foi: "Não vou fingir e abrir mão da dor para sobreviver. Desta vez, vou fazer o que não pude fazer no passado, chorar e chorar muito!".

Eu estava em luto, minha mãe havia acabado de morrer e Deus me levara para longe de todos que amava muito, ou seja, família, amigos, cidade e até mesmo animais de estimação. O lugar para onde fui era muito diferente e as pessoas dali não tinham nenhum vínculo comigo. Precisava tirar os olhos do passado e ficar livre daquela dor. Já estava tomando antidepressivo e chorava todos os dias. A única coisa que queria era seguir em frente e ficar livre de tudo o que cortava a minha alma.

Não sabia que havia uma vala no meu interior. E coloquei tudo aquilo dentro dela. Ninguém conseguia discernir esse comportamento mim, nem mesmo eu. O Espírito Santo precisou criar uma situação para me fazer ver o meu interior. Ainda bem que aprendi, escrevendo os meus livros "Desafios da Águia", a não olhar o irmão ou o diabo e sim olhar dentro de mim e para Deus.

Como já havia resolvido a situação pessoalmente e conversado sobre tudo o que precisava com os meus ofensores, daquela vez, o problema era comigo. Não tinha mais nada a ver com eles. O processo de cura e restauração era meu. Ficar justificando e mexendo em passado não acrescentaria na minha vida. A verdade é que fingir que nada aconteceu se trata de uma maquiagem ou camuflagem. No futuro, podem aparecer todas as imperfeições do nosso próprio interior.

Quando descobrimos algo, podemos lutar contra. Somente ao conhecermos nosso inimigo é que podemos vencê-lo. E como vencer se não sabemos com quem ou com o que lutamos? Sem que tenhamos essa informação, o mal pode nos superar. Nosso maior inimigo somos nós mesmos. Sempre faço uma brincadeira com o pessoal, dizendo: "Como mudar o mundo? Mudando cada um a si mesmo!".

Com certeza, é bem mais fácil ver os erros dos outros do que os nossos. Um dia e ouvi duas irmãs conversando sobre dois de meus sobrinhos, dizendo no que cada um precisava mudar. Eram enfáticas nas suas colocações. Eu estava sentada com um periquito no colo, lhe fazendo carinho. Estava em silêncio e em silêncio permaneci, até que uma delas me arguiu:

- Nilce, você não acha que Fulano tem que mudar nisso?

Eu sacudi a cabeça, indicando que sim. Então, a outra me perguntou:

- Não acha que Beltrano não tem que mudar naquilo?

De novo, sacudi a cabeça positivamente. E lhes fiz uma pergunta:

- Vocês estão dispostas a ser o que eles querem que vocês sejam?

Elas olharam uma para a outra, sacudiram a cabeça, sorriram e disseram:

- É melhor deixarmos tudo da maneira como está!

As coisas que estavam reclamando dos meus sobrinhos eram bem pequenas perto das que eles reclamavam delas para mim. Eram realmente coisas corriqueiras de um relacionamento em família, como a toalha molhada jogada na cama, por exemplo. Será que para as pessoas serem o que queremos, estamos dispostos a ser o que elas querem que sejamos?

Geralmente as pessoas que falam tudo o que pensam não gostam de ouvir o que pensam delas. Sobre cura interior, tenho descoberto algo. Na maioria das vezes, somos o que não suportamos nas pessoas. Não estou me referindo a caráter e sim a erros e defeitos. Dois bicudos não se beijam.

"Vanglória, o que tenho eu contigo?"

A vanglória (presunção) tem uma amiga inseparável, que é a inferioridade. Na maioria dos casos, para descobrirmos a primeira dentro de nós, temos que identificar a segunda. A tentativa de se esconder, muitas vezes, pode ser para ser visto ou lembrado. Assim como a de se mostrar também.

Quando buscava respostas em Deus sobre as coisas que aconteceram comigo, inclusive sobre achar que tinha perdoado quando não tinha, revivi muitas palavras recebidas da parte do Senhor. Questionava a mim e a Ele o motivo de ter permitido que eu passasse por aquelas coisas. Entendi, então, que a situação não revelava o coração do outro, mas o meu.

E o Senhor me mostrou o meu interior. Para minha surpresa, vi em mim a vanglória. Olhava para aquelas pessoas e no fundo queria retribuição por tudo o que fizera por elas. Durante anos, havia investido em cada uma e, nesse tempo de perdas, queria que retribuíssem.

Eu sabia que havia muita coisa errada no meu interior, mas nunca imaginei que tivesse vanglória. Pela misericórdia, Deus me permitiu passar por tudo aquilo para ficar livre dela. Algumas vezes, fazer uma pregação e viver o que pregamos são coisas diferentes. Podemos até pregar que a obra é do Senhor, mas aceitar quando ela é tirada não é algo fácil. Mas são em momentos assim que podemos identificar as verdadeiras alianças, fidelidades e abandonos. Sobre isso, também falamos nos livros "Desafios da Águia".

Você aceitaria com facilidade perder as pessoas que estão contigo e que ama muito? Eu não consegui! Queria que continuassem comigo. Eram meus filhos de coração e gostaria de tê-los perto no momento mais difícil que passei. Desejava que cuidassem de mim como um filho cuida de uma mãe, ou melhor, queria que retribuíssem, mas eles não ficaram.

Descobri ali que a obra não era minha e sim de Deus, que nunca irá dividir a sua honra com ninguém (Isaías 42:8). E esse "ninguém" inclui a mim. Os filhos são dEle, o rebanho é dEle. Como foi difícil naquela situação colocar as coisas em ordem e acabar com a "vala do esquecimento" no meu interior.

Após anos, o que mais queria era arrependimento genuíno e conserto. Não queria honra ou valorização. Aquilo que esperei por tanto tempo precisava procurar dentro de mim. Era como um filme assistido. Havia lembranças, mas como se fosse outra pessoa que viveu e não eu.

Antes de entrar na questão do perdão, preciso mexer um pouco na ferida, para que você possa identificar a real forma como está vivendo e aprender a se livrar do que está errado. Vou começar pela dor.

CAPÍTULO **2**

APRENDENDO SOBRE A DOR

A dor é necessária no nosso organismo, pois quando a sentimos é porque tem algo errado. Ela nos avisa quando alguma coisa tem que ser mudada. Se vier de uma enfermidade, é preciso que se tenha o diagnóstico e se tome a medicação correta. Por exemplo, se o corpo apresenta uma febre é sinal de que está com uma infecção, mas, para que se saiba onde, é necessário investigar.

Muitas vezes, quando o desconforto e o sofrimento são na alma, não sabemos o melhor tratamento nem a medicação correta. É preciso buscar um profissional da área ou um conselheiro que ajude a encontrar a raiz da dor. Se soubermos onde está o foco, buscaremos estratégias para combatê-lo.

Quando sentimos uma dor corporal, geralmente buscamos um remédio, um analgésico específico. Quando ela é na alma, também funciona dessa maneira. Precisamos olhar para nós mesmos no espelho e pronunciar palavras de vitória. Talvez seja bom fazer uma caminhada, ter contato com a paisagem verde, tomar a brisa do vento no rosto, ouvir um pássaro cantando, ir a uma piscina, ter algum lazer que nos agrade ou mesmo estar com pessoas que amamos. Ficar sozinho remoendo as amarguras só aumenta o sofrimento e pode trazer consequências piores.

"O perdão é o segredo para nos livrar das lágrimas que nos fazem sofrer"

Carlos Alberto Lisboa de Almeida

Vejamos a seguir algumas enfermidades ou estados com nomes sugestivos para os problemas da alma. O objetivo é apenas fazermos uma análise e comparação do que acontece em nosso interior quando não buscamos cura.

> *Lepra ou hanseníase:* É uma enfermidade que tira a sensibilidade do corpo. Por exemplo, alguém com essa doença pode até levar a mão ou o braço afetado ao fogo e não sentirá que está queimando. Ou se espetar com um alfinete e não terá dor. Com a alma é da mesma maneira. "Não sentir" pode significar algo muito prejudicial. Como no físico, a hanseníase nas emoções tem cura e precisa de

dedicação. No corpo, a parte afetada fica de cor diferente, esbranquiçada e indolor. A pessoa com lepra espiritual também fica assim, esbranquiçada e sem sentimentos.

➤ *Zumbi:* Trata-se de um ser mitológico, mas serve para ilustrar o que queremos aqui neste trecho. Ele é um "morto-vivo", isento de sentimentos e que se movimenta por impulso. Muitas pessoas estão vivendo dessa maneira, sem sonhos, sem esperança, sem amor. Movem-se impulsivamente, apenas reagindo ao ambiente em que estão inseridas.

Tanto faz se alguém próximo estiver em festa ou morrendo, isso não afeta essas pessoas. Elas não sentem nada. Notícias ruins ou boas já não as comovem mais. São apenas notícias. Se o outro está morrendo à sua volta, não há a iniciativa de ajudá-lo. O máximo que vem em seus pensamentos é: "Alguém podia fazer alguma coisa para mudar a situação!".

➤ *Bipolaridade*: É um transtorno que afeta a personalidade e o comportamento de algumas pessoas, caracterizando-se principalmente pela oscilação de humor. Todos nós somos um pouco bipolares, mas a pessoa que tem esse tipo de problema é como mostra um dito popular: "Deitar com o amante e acordar com o inimigo".

Talvez exista quem não sofra exatamente do transtorno, mas tenha antipatia fácil por pessoas, principalmente as que não são do seu círculo de confiança. Mesmo sem saber o porquê, se irrita e sequer consegue ouvir a voz do outro. Uns chegam ao ponto de sentir dor no estômago ou ânsia de vômito na convivência com alguém indesejado. Precisamos entender aqui que todos são filhos de Deus e amados pelo Pai. Por essa razão, não devemos sentir náuseas por quem quer que seja.

➢ *Câncer:* Sabemos que essa é uma enfermidade seríssima e, em grande parte dos casos, letal. Mesmo quando há cura, a não ser que Deus opere de maneira milagrosa, o tratamento é demorado e difícil. O paciente sofre muito para se livrar da doença. Já quando o câncer é na alma, pode levar à morte espiritual e social. É necessária a intervenção de profissionais adequados, o que deve ser encarado seriamente. Se a pessoa abandonar o tratamento, não irá se curar.

Ao ser identificada essa doença no corpo, é perda de tempo ir de médico em médico. O doente precisará de um tratamento específico com um oncologista. Da mesma forma é quando alguém sabe que está enfermo na alma. Até troca de pastor e de discipulador, sem progresso nenhum. A situação pede um conjunto de medidas, como foi dito antes. Quem sabe há pessoas em níveis tão

avançados que apenas o aconselhamento pastoral
não resolverá o problema.

Tudo é questão de decisão. Você é livre para decidir
se perdoa ou não. Perdoar é resolver arrancar a semente
da enfermidade da alma. Escolha se quer ficar com ela
ferida ou curada. Algumas pessoas se acostumaram tanto
a chamar a atenção dos outros com os seus sofrimentos
que a sua linguagem nos relacionamentos é exatamente
esta, ou seja, a dor.

"Perdão é curativo"
Márcio Rezende

Há quem pense que, se for curado não receberá mais
o carinho e a atenção dos outros. É um pensamento errado,
um engano do diabo, pois todos nós convivemos melhor com
pessoas curadas e restauradas. Quem gosta de viver com
murmuradores e reclamadores? Estar ao lado de quem está
em paz é muito melhor do que viver socorrendo alguém.

CAPÍTULO 3

PERDOAR A DEUS

Em todos os treinamentos que eu dou, uso a expressão "perdoar a Deus". Isso, com certeza, causa estranheza ao coração de muitos. Mas quero incentivar você a permanecer na leitura. Não encontrei outro termo para colocar aqui, pois, de forma inconsciente ou até consciente, acreditamos que Ele poderia ter dado o livramento das mortes e perdas da nossa vida.

Nunca aceitaremos de fato a paternidade do Senhor se não tirarmos de nosso interior o que nos afasta. Por isso, o termo perdoar aqui não é "a um Deus criador do céu e da Terra" e sim "a meu Pai, que criou o céu e a Terra". Na sua paternidade, Ele está aberto a nos ouvir naquilo que fere o nosso coração.

Vou começar este tópico usando o testemunho de uma mulher da Bíblia, muito rica. Tinha bens, empreendimentos, terras. Seu marido, Jó, era um homem justo, íntegro e saudável. Todos os filhos eram muito amados e bonitos. Ninguém encontrava algo de errado neles. Eram conhecidos como uma família que agradava o coração de Deus. Até que o Senhor permitiu que o diabo tirasse o que tinham. Ter tudo em um dia e perder de uma só vez realmente não é algo fácil de aceitar. Vamos numerar suas perdas:

➢ *Perda 1: "Sucedeu um dia em que seus filhos e suas filhas comiam e bebiam vinho na casa do irmão primogênito. Chegou um mensageiro ao seu esposo Jó e lhe disse: Os bois lavravam e as jumentas pasciam junto a eles; de repente, deram sobre eles os sabeus e os levaram; e mataram os servos a fio da espada; só eu escapei para trazer-te a nova"* (Jó 1:13-15).

➢ *Perda 2: "Falava este ainda quando veio outro e disse: Fogo de Deus caiu do céu, queimou as ovelhas e os servos, e os consumiu; só eu escapei, para trazer-te a nova"* (Jó 1:16).

➢ *Perda 3: "Falava este ainda quando veio outro e disse: Dividiram-se os caldeus em três bandos, deram sobre os camelos, os levaram e mataram aos servos a fio da espada; só eu escapei, para trazer-te a nova"* (Jó 1:17).

> *Perda 4: "Também este falava ainda quando veio outro e disse: Estando teus filhos e tuas filhas comendo e bebendo vinho, em casa do irmão primogênito, eis que se levantou grande vendo do lado do deserto e deu nos quatro cantos da casa, a qual caiu sobre eles e morreram; só eu escapei, para trazer-te a nova"* (Jó 1:18 e 19).

Perder 10 filhos em um só momento já era motivo suficiente para perguntar a Deus onde Ele estava que não deu livramento. Eu passei pela experiência de perder três irmãos e mais um ente em um único dia. Ficamos com quatro caixões na sala de casa. Minha mãe nunca entendeu o motivo dos seus filhos irem embora de uma vez.

Aquela mulher rica, cheia de criados, com filhos lindos e formosos era fiel a Deus com seu marido Jó. Não havia nada neles como acusação. Quando aconteceu a tragédia, muitas foram as interrogações que vieram. O que lhe restara agora era ser pobre, sem filhos, sem amigos, porque os poucos que sobraram ainda foram até o seu esposo para acusá-lo de pecador.

Para piorar a situação, o marido ficou doente. Ele desenvolveu vários tumores pelo corpo, do alto da cabeça até a planta do pé. Além de sofrer o luto dos filhos, o seu amado sequer podia consolá-la da dor (Jó 2:7 e 8). O que mais restava àquela mulher senão pedir para morrer? Por muito menos, eu já pedi a morte e conheço vários outros que fizeram o mesmo. Foi isso o que o profeta Elias quis ao fugir, sabendo que estava sendo perseguido por Jezabel (1 Reis 19:4).

A mulher de Jó via seu marido sentado em cinza, esfregando com cacos os seus tumores. Mesmo que ele não murmurasse, também sofria muito. Vieram alguns amigos, Elifaz, Bildade e Zofar, lhes visitar. "Aproximaram-se e nem o reconheceram. Ergueram a cabeça e choraram; e cada um, rasgando o seu manto, lançavam pó ao ar sobre a cabeça. Sentaram-se com ele na terra e nenhum lhe dizia palavra alguma, pois viam que a dor era muito grande" (Jó 2:12 e 13).

Todos aqueles problemas afetavam Jó, que preservava a sua integridade. Pouco antes da chegada dos três homens, desesperada, a mulher soltou um grito com a sua amargura interior:

"Ainda conservas a tua integridade? Amaldiçoa a Deus e morre." Jó 2:9

Fontes mostram que a palavra "barech" [3] ali usada, no hebraico, não significa "amaldiçoar" e sim "abençoar, bendizer, louvar" Então, a mulher estaria dizendo: "Ainda conservas a tua integridade? Louve a Deus e morre".

Isso explicaria o motivo pelo qual a mulher foi preservada viva e porque Deus permitiu que fosse abençoada com o marido, depois da tribulação que passaram. O Senhor tem um propósito em todas as coisas e pretendia restituir tudo àquelas pessoas. Foi Ele quem permitiu que o diabo tirasse o que tinham, inclusive os filhos. O tempo de vida do casal junto não é relatado na Bíblia, como o nome da esposa de Jó também não, mas há uma menção bíblica de que eles viveram muito.

O propósito de Deus na vida deles se cumpriu. Tanto que as Escrituras relatam a restituição de tudo o que lhes foi tirado:

No meio do sofrimento, tendo usado o termo "amaldiçoa" ou "louve a Deus e morre", a esposa de Jó lançou sobre o Senhor a responsabilidade pelo que vivia. Ela estava no limite da dor. Precisava culpar alguém por tudo o que lhe aconteceu e jogou a culpa no Pai. Não entendo que não o amava e sim que o culpava por não ter dado livramentos.

Jó confirmou isso quando disse que ela recebia o bem de Deus, mas o mal, não (Jó 2:10). Os casais são claros em relação a quem poderia dar o livramento. Em todas as situações de tragédias e diante de provações, perguntas que nunca querem se calar são: "Por que o Senhor permitiu que tal coisa nos acontecesse?"; "Por que Ele não nos livrou?".

Tentando entender a provação

Toda história tem um início, um meio e um fim. A de Jó também passou por esse processo.

> *"Em vez do meu pão me vêm gemidos e os meus lamentos se derramam como água. Aquilo que temo me sobrevém e o que receio me acontece. Não tenho descanso, nem sossego, nem repouso e já me vem grande perturbação."* Jó 3:24-26

O meio de uma história é quando alguém não entende porque está passando por toda a dor no seu interior. Essa pessoa não sabe mais sequer como orar e nem tem forças para isso. Não lemos todo o processo da mulher de Jó, mas, pelo sofrimento do coração do seu marido, dá para entender o estado em que ela estava. Ele não ousava jogar palavras de acusação contra Deus, mas tinha muitas interrogações no seu íntimo.

Quando eu era adolescente, me achava o "patinho feio" de Deus e pensava: "Se Ele não me ama, também não tenho que amá-lo". Acreditava que o Senhor amava todo mundo mais do que a mim. Não o aceitava no meu coração. Pelo contrário, o culpava porque vi os meus irmãos morrerem, se debatendo na minha frente e ainda ficara ali até o resgate. Se me amava, por que não estava comigo naquele lugar? A interrogação na minha cabeça não me permitia vê-lo como um Pai amoroso, carinhoso e que cuida e protege seus filhos.

Eu tinha alguns amigos na minha cidade. Eram os mesmos que ficavam comigo todos os dias. Costumávamos ir às fazendas, montar em bois e bezerros. Um dia estava com eles em uma casa de eventos e me peguei com uma lata de cerveja na mão. Aquilo me incomodou muito. Fiquei com muita vergonha, tanto que tentei escondê-la.

Sorria com os amigos e dançava no salão, mas ia para o banheiro e chorava. Não entendia o que estava acontecendo. Era uma felicidade falsa, ria muito dentro do carro, mas, quando eles iam embora, eu entrava em casa e o vazio fazia tomava conta de mim. Passava a me sentir só.

Mas como buscar a um Deus que eu não acreditava que me amava? As lembranças de quando ia, com o meu irmãozinho que morreu, à Igreja, sempre de mãos dadas e bem arrumados, me afetavam o tempo todo. Queria crer no amor do Pai, mas não conseguia vê-lo mais em meu coração.

Eu ia à Igreja Católica, mas o intuito não era buscar a Deus. Não cria nEle como Pai. Não queria ir para o inferno quando morresse. Então, na minha mente, pensava que, se fosse à missa, iria morar no céu.

Nesse período, também passei por experiências no espiritismo. Tive uma enfermidade que afetou meus cabelos e fui até lá. Sabia que ali não era o meu lugar, mas cedi em ficar, pois os membros falavam em desenvolver minha mediunidade. Eu precisava do Senhor, mas não o aceitava. Para mim, Ele era um Deus irado, mau e que julgava com dor e morte.

Talvez essa era a maneira como a esposa de Jó via a Deus. Creio que ela, assim como eu, até queria se relacionar com Ele, mas a dor de seu coração a impedia de fazê-lo. Como não associar ao Soberano tudo o que havia sido tirado? Como aceitar bem apenas da boca para fora, quando no íntimo o coração o culpava e o rejeitava pelas coisas que aconteceram?

No meu caso, comecei a visitar Igrejas evangélicas. Era muito bonito ver a maneira como os irmãos falavam com Deus. Muitas vezes, como eu não sabia orar, pensava no meu coração aquelas palavras que ouvia no culto. Não era muito verdadeiro, mas no fundo era o que queria dizer para o Senhor.

Certa vez, fui a uma Igreja pequena e, como de costume, assisti ao culto. Pedi oração e já estava saindo de lá, quando senti o meu coração bater forte no meu peito. Quase saiu pela boca. Eu ia e voltava da porta várias vezes. Até que fui à frente e aceitei a Jesus. Quando saímos, minha amiga comentou:

- Sabe o que você fez hoje? Virou crente!

Eu lhe disse:

- Não conte nada para ninguém. Ainda não!

Na verdade, não precisou que alguém contasse. Eu mesma fui fazendo aquilo. Em uma semana, estava batizada com o Espírito Santo. Agora não tinha mais o vazio do meu coração. Eu me apaixonei por Ele de uma forma que nunca havia antes experimentado.

“O perdão é o caminho mais curto para se chegar a Deus”

Guilherme Dias Pereira

Eu dizia dia e noite: “Espírito Santo, te amo!”. E também: “Jesus, te amo!”. Porém, não conseguia dizer: “Pai, Deus, te amo”. Se eu falasse, seria algo falso para mim. Sabia que estava errada e que precisava consertar esse comportamento. Mas no meu coração o culpara por toda a dor que havia sofrido. Nunca tive uma referência de pai que cuida, ama, guarda e protege. Então, era mais difícil ainda identificar isso no Senhor.

Eu vivia transferindo para Ele minha raiva e ira. Conforme fui mergulhando no Evangelho, comecei a pedir e clamar ao Espírito Santo para me ajudar. Queria conhecer o amor de Deus, como um Pai no meu coração.

Quando não temos entendimento, é isso o que fazemos. Precisamos de um culpado pelo que nos tenha acontecido. Necessitamos jogar a culpa em alguém. Afinal de contas, como vamos lidar com a dor?

Decidi pelo caminho do perdão e comecei a buscar libertação de todo o meu coração. Para isso, tive que tirar as interrogações da minha cabeça. Abri mão das respostas. Quem perdoa perde. Resolvi perder o meu direito para Deus. Optei por não ter mais respostas.

A verdade é que não conseguimos perdoar de uma só vez. É um processo. Nós decidimos quando as questões ainda estão no nosso íntimo. Quando tomamos a decisão, estamos buscando um caminho. Por vezes, é preciso afirmar para nós mesmos: "Eu escolho perdoar! É isso o que decido!". Ou ainda orar: "Espírito Santo, ajude o meu coração!".

No processo, é preciso evitar a lembrança dos dias maus. É necessário dar ordens aos pensamentos para que se aquietem. É assim que se abre mão dos direitos pessoais e dos "deveres" divinos. Aceitar sem argumentar, sem interrogar é fazer a justiça própria calar dentro de nós. A verdade é que eu e talvez a mulher de Jó não tenhamos chegado à compreensão e ao entendimento das perdas. Apenas abrimos mão delas e voltamos a Deus.

Um dia, após ser intensamente visitada pelo Espírito Santo, fui para casa sentindo amor por Deus dentro de mim, no meu espírito, na minha alma. Deitada, dizia para Ele: "Eu te amo!". Em dúvida se havia me ouvido, virava a cabeça na cama para o outro lado e repetia a declaração. Dormi suspirando. O conceito que tenho dEle até hoje não é apenas de "Criador" e sim de "Criador dos céus e da Terra, Soberano e meu Pai".

Nunca entendi o porquê de conseguir separar a trindade, mas eu o fazia. O relacionamento com o Espírito Santo e com Jesus para mim era diferente do meu relacionamento pessoal com o Pai. Entretanto, a partir daquelas experiências, sentia que os amava da mesma maneira.

Não posso sair deste tópico sem te levar a refletir sobre algo: Como foi a sua criação? Como foi o seu relacionamento com o seu pai terreno? O meu não me protegia, guardava ou dava carinho. Como era comum antigamente, ele educava os filhos severamente, de maneira inapropriada. Na minha casa, todos têm marcas de machucados feitos durante uma correção rígida.

O meu pai era muito fechado. E era dessa mesma maneira que eu via o Senhor. Nunca tive raiva ou desrespeitei os meus pais. Hoje, até vejo a forma como fui criada como um cuidado divino. Porém, quando vi a morte e o desespero de perto, com 11 anos de idade, no meu íntimo enxerguei Deus igual ao meu genitor, sem diferença alguma. Para mim, os dois eram iracundos, sem diálogo. Faziam seus filhos sofrerem e os abandonavam quando eles mais precisavam.

Hoje, perdoei as faltas do meu pai terreno. O meu coração é guardado em relação a ele. Só quero enfatizar que a maneira como vemos o nosso pai (ou a nossa mãe), com certeza, será como veremos Deus.

Perdoar a Deus é uma heresia?

Em minhas andanças como pastora e palestrante, já ouvi, inúmeras vezes, a frase: "Quem sou eu para perdoar a Deus?". Não sei o conceito que algumas pessoas têm do Senhor, mas hoje eu o conheço como Pai e me relaciono com Ele assim. No passado, o via como um "ser grandão", no trono, com um cajado na mão, julgando com ira o erro, o pecado e as falhas. Como alguém que permitia que a morte e a destruição viessem punir o homem. Era o culpado por tudo.

Precisei mudar o conceito que tinha do Pai. Na dor e no sofrimento, dei uma forma para Ele baseada no que sentia. Mas precisei conhecê-lo no amor, na graça, na bondade e na misericórdia. Eu era uma criança cheia de dores. Conheci de perto a morte, a fome, o espancamento, o choro, as lágrimas e a tristeza. Apenas ouvia falar sobre o poder de Deus e, por isso, o culpava.

Mas, depois que decidi que era o meu Pai, quem seria o culpado pelas perdas que tive? O diabo? Todos falavam que este não tinha poder sobre a morte. O Senhor sim sabia o dia em que as pessoas tinham que morrer. Era quem as levava para morar no céu. E havia levado os meus irmãos para que estivessem em sua presença. Creio que esse também foi o pensamento da esposa de Jó, o de que Deus tinha levado todos os seus filhos num dia só para morar com Ele.

Vejo como um erro não buscarmos conserto com o Senhor. Isso nos leva a viver um relacionamento superficial com Ele e a passar uma vida inteira sem conhecê-lo, apenas recorrendo à sua atuação no momento de necessidade. Não me parece justo. É como se o buscássemos por barganhas e trocas por interesse. Ele não é o Deus no céu e nós, pessoas isoladas na Terra. É um Pai poderoso que está no Alto, mas que habita dentro de nós.

Penso que o que definimos como "perdoar a Deus" não é uma prepotência. É um ato de reconhecer que Ele é soberano, que tem todo o poder, domina sobre tudo e, por seus propósitos eternos, jamais falhará. É preciso que voltemos ao Senhor, convertendo o coração de verdade e conhecendo-o na intimidade, como de fato é.

"Eis que chamarás a uma nação que não conheces e uma nação que nunca te conheceu correrá para junto de ti, por amor do Senhor, teu Deus, e do Santo de Israel, porque este te glorificou. Buscai o Senhor enquanto se pode achar, invocai-o enquanto está perto. Deixe o perverso o seu caminho, o iníquo, os seus pensamentos; converta-se ao Senhor, que se compadecerá dele, e volte-se para o nosso Deus, porque é rico em perdoar." Isaías 55:5-7

Perdoar é perder. Então, seja quem for, a ideia é abrir mão de seus direitos e se relacionar com o ofensor novamente. Quando conversamos para resolver uma situação com alguém, perdoamos e somos perdoados. Com Deus, não seria diferente. Eu o perdoo e recebo também o seu perdão. Assim, desenvolvemos um relacionamento sem mágoas, ressentimentos e iras. Posso me declarar a Ele sem o culpar por toda a dor do passado.

O que é o homem sem Deus? O que é o homem que não se relaciona com Ele? O que você sentiria a respeito de um filho que o procura somente nos momentos em que quer alguma coisa?

Naquela época, não deixei de crer em Deus. Apenas pensava que não ouvia a minha oração. Duvidava que realmente se importasse com os sonhos do meu coração. Não costumava falar com Ele, até porque imaginava que não me daria atenção.

Mas, após o processo de cura, tive uma experiência muito especial, que legitimou de uma vez o meu relacionamento como filha. Estava, como de costume, passeando. Eu fechava a mão e pensava no meu coração que o próprio Pai a estava segurando. Falava com Deus o tempo todo em espírito. Entrei em uma sorveteria, comprei um sorvete na máquina, desci as escadas e voltei a falar com Ele.

Quando você está com alguém caminhando e compra algo, o que faz? Bem, eu ofereci ao Pai e, para minha surpresa, senti que o céu se abriu e veio sobre mim uma presença muito forte. Fiquei trêmula e me joguei no muro de uma loja, já chorando. Estava de óculos escuros, olhei para os lados e ninguém havia percebido. Alguns até me olharam, mas não entenderam. Então, me recompus e caminhei. Deus havia recebido minha colherzinha de sorvete.

Posso dizer que hoje, após ter colocado o nosso relacionamento em ordem, convivemos bem um com o outro. Já passamos por várias situações difíceis, mas que não foram capazes de abalar a nossa comunhão. Falo de tudo para o Pai. Mas, às vezes, também me aborreço com Ele. Um dia fiquei brava, pois orava por algo havia certo tempo e Deus não se manifestava.

Enquanto lavava um prato no tanque de casa, lhe disse: "Pai, sabia que é falta de educação quando alguém fala conosco e não respondemos? Pois é, o Senhor é muito calado. Então, ou as pessoas vão pensar que não as ama ou que não as está ouvindo!".

Ter restaurado o nosso relacionamento não significou que o Senhor faria tudo o que eu quisesse e na hora que desejasse. Mas aprendi a amá-lo, mesmo quando não me responde e não me dá o que quero. Ele não me bajula. Ainda assim, não vivo mais sem a sua presença. Tenho liberdade de conversar como uma filha conversa com o seu pai.

Antes, eu falava como louca, da mesma maneira que a esposa de Jó. Não entendia seus desígnios. Até que vi seu poder e autoridade e me envergonhei por dizer o que não sabia nem entendia.

> *"Onde estavas tu quando Eu lançava os fundamentos da Terra?... Tens ideia nítida da largura da Terra? Dize, se o sabes... Tu o sabes, porque nesse tempo eras nascido e porque é grande o número dos teus dias... Acaso a chuva tem pai? Ou quem gera as gotas do orvalho?" Jó 38:4-28*

Quem era eu para argumentar contra o zelo, o amor e a proteção do Senhor sobre minha vida e da minha família? Precisava resolver essa situação, perdoar em meu coração. E como poderia fazê-lo? Comecei a falar com Ele o que realmente estava dentro de mim e não apenas palavras que costumamos dizer para Deus, com muita reverência, mas nenhuma sinceridade.

A Bíblia relata dois homens que agiam assim, um falava como um servo de Deus e outro, com toda sinceridade do seu coração, reconhecendo seus erros e defeitos.

> *"Dois homens subiram ao templo com o propósito de orar: Um, fariseu, e o outro, publicano. O fariseu, posto em pé, orava de si para si mesmo, desta forma: Ó Deus, graças te dou porque não sou como os demais homens, roubadores, injustos e adúlteros, nem ainda como este publicano; jejuo duas*

Vimos duas orações em formas diferentes e com aceitação diferente. Agora perceba o que foi relatado em Lucas 18:14: "Digo-vos que este desceu justificado para a sua casa, e não aquele; porque todo o que se exalta será humilhado; mas o que se humilha será exaltado".

Como resolver uma situação com Deus?

Não existe condenação contra a verdade. Então, a resposta para a pergunta acima é: "Usando a verdade do nosso coração". Foi a receita que coloquei em prática quando eu mesma precisava resolver uma situação com Deus.

Olhei para dentro do meu coração e falei com sinceridade para Ele: "Não te conheço como Pai! Não consigo ver o seu zelo comigo nem com a minha família! Não quero mais que seja assim. Preciso conhecer sua graça, bondade e misericórdia. Quero me relacionar contigo como sua filha, entender o seu amor, te ouvir falar comigo! Durante muito tempo, pensei que você não me amasse e que amava a todos mais do que a mim".

Falei com o Pai como se fosse uma pessoa de carne e osso e na minha frente. Não medi palavras e chorei muito. Não fiz isso uma vez apenas. Na verdade, faço até hoje, falo sempre com o Ele como se estivesse diante de mim. Já me imaginei até mesmo deitada em seu colo. Nas primeiras vezes, parecia que não estava me ouvindo. Olhava em volta e nada tinha mudado. As circunstâncias não se moviam, tampouco as dificuldades. Mas eu mudara, dentro de mim. Alguma coisa havia acontecido.

Certa vez, muito ferida e após passar por uma das piores provas da minha vida, estava em um culto e percebi que não conseguia amar, nem mesmo o Senhor. Estavam todos os irmãos cantando um louvor que dizia "Deus, eu te amo!". Então, parei de louvar e lhe disse: "Não sou um papagaio nem um periquito! Não vou ficar repetindo. Quero olhar para o meu coração e ver amor por ti dentro dele!".

Fui para casa e fiquei uns dias orando. Olhando para dentro de mim, ouvi o Pai dizer: "Filha, as pessoas não saem do primeiro amor porque querem!". Ele começou a me mostrar as coisas que nos tiram desse lugar. Escrevi todas elas no livro "Desafios da Águia 2 - Voltando ao Primeiro Amor" (2012).

Entendi que esgotamento espiritual, murmuração, ingratidão, espírito de engano, entre outras coisas, levam a pessoa a sair do primeiro amor. Se dissermos somente parte da verdade para Deus, poderemos estar camuflando algo no nosso interior. Trata-se de uma meia verdade, uma mentira. É possível que estejamos mentindo para nós mesmos e acreditando que tudo caminha bem na nossa relação com o Senhor, só porque há busca pela sua presença, participação nos cultos e convivência com os irmãos.

Decidi não viver essa vida rasa com Deus e sim mergulhar fundo nEle. Faz quase 20 anos que estudo e busco conhecê-lo mais e mais. Não acredito que o conheço na totalidade, mas quero melhorar isso a cada dia e momento. Se não gosto de alguma coisa, se fico magoada com o Senhor por algum motivo, tento logo resolver a situação, para não guardar rancor, o que poderia servir de impedimento no nosso relacionamento. Nesse sentido, entendo que precisamos seguir alguns passos:

1. Decidir perdoar

Perdão não é um sentimento e sim uma decisão. Não é uma atitude de quando está tudo bem, mas de quando o nosso coração está cheio de amarguras. Todas as vezes que vejo sentimentos ruins no meu interior, falo para mim mesma: "Eu decido perdoar!"; "Já perdoei!"; "Abro mão do que estou sentindo, porque realmente amo tal pessoa. Ela não me deve mais nada. Em nome de Jesus! Em nome de Jesus!".

2. Ser sincero

Deus sonda e conhece os nossos pensamentos. Usar máscaras não vai nos ajudar nunca. Só nos enganaremos com isso. Precisamos dizer para aqueles que andam perto de nós e para o Senhor o que se passa no nosso interior. Seja o que for! Nesse ponto, não adianta ser bonzinho e fingir. Não é preciso usar megafone, expor a nudez, mas em secreto tratar com os ofensores e confessar para pessoas de sua confiança.

3. Não desistir

No início, a impressão é que está sendo tudo em vão e não vemos resultado algum. Parece que nada mudou.

Não vemos mudança no nosso interior, mas as pessoas que convivem perto veem. Paramos de falar das coisas que nos magoaram e começamos a nos esquecer do que nos feriu. Precisamos do tempo de Deus!

4. Aceitar perder

Ninguém gosta de perder. Aliás, essa é a parte mais difícil do processo. É necessário saber que não podemos querer, orar ou sonhar com aquilo que se perdeu. Não é fácil, mas é possível, desde que tenhamos disciplina. Todas as vezes que vierem em nossos pensamentos as coisas que perdemos, precisaremos olhar para frente, no que está acontecendo e no que virá para nós. É uma decisão de deixar o passado para trás.

"O passado mal resolvido nunca é um passado passado. Ele é sempre um passado presente"
Nilce Sousa

5. Submeter-se à vontade de Deus

Para Deus nos dar algo novo, Ele tem que remover o velho. Somos ensinados a lutar pelo que aprendemos e adquirimos e não gostamos de perder. Para aprender a voar, a águia é jogada pelo pai para fora do ninho até que voe. Assim o Senhor faz conosco. O problema é que normalmente queremos manter o nosso lugar de segurança e conforto.

Por vezes, a vontade de Deus contraria a nossa. Ele não faz da maneira que queremos e só entendemos isso na caminhada. Apenas depois de andar muito é que chegamos à maturidade. Precisamos nos submeter ao querer do Senhor sempre. Aprender sempre! Enquanto não aprendemos, não passamos para próxima fase.

6. **Perseverar em buscá-lo**

É muito comum querermos um conserto com o Senhor, mas não haver perseverança nisso. A causa, na maioria das vezes, é a preguiça de buscá-lo. Se, por exemplo, fizermos um propósito de reservar uma hora de oração por dia, é bem provável que naquele horário pensemos em várias coisas para fazer. Mortificar a carne não é fácil! Ela não gosta de se submeter. Fica nos tentando, para que não estejamos disponíveis para o relacionamento com o Pai. E, na verdade, como diz uma conhecida frase, "Não ter tempo para Deus é viver perdendo tempo".

Deus não faz o que eu quero

Na caminhada com Deus, Ele nunca fez exatamente o que eu quis. Ao contrário, na maioria das vezes fez o que não esperava que fizesse. Quando olho para trás, para as coisas que não tive ou que me foram tiradas, percebo que "os pensamentos do Senhor são mais altos do que os meus pensamentos e os seus caminhos maiores do que os meus caminhos", como lemos em Isaías 55:9.

Deus sabe o que é melhor para mim. Então, tento ao máximo não ficar chateada com Ele por algo que queria e não me permitiu ter. Não consigo entender os seus caminhos. Então, desisto de mim mesma e sigo o caminho que o Senhor me leva a andar. Vou voando nas asas do Espírito Santo para onde o vento me levar.

Se o Senhor não mudar a sua situação, que Ele mude o seu olhar sobre ela! Seja chorando ou sorrindo, sigamos em frente, perseverando, sem parar. Vejo que a decisão de parar pode nos esfriar e o que Deus tem contra nós é sermos mornos.

> *"Conheço as tuas obras, que nem és frio nem quente. Quem dera fosses frio ou quente! Assim, porque és morno e nem és quente nem frio, estou a ponto de vomitar-te da minha boca."* Apocalipse 3:15 e 16

O morno não seria aquela pessoa superficial com Deus? Que se vale de palavras pensadas e aleatórias? Que não usa a verdade do seu coração com o Senhor? Que não se mostra em sinceridade a Ele? A meu ver, quem anda em mornidão passa por questões assim.

Não usar a verdade com Deus é estar sendo superficial e falso com Ele. Entendo que é isto o que o Senhor está nos ensinando com esse versículo: Que lhe mostremos o que realmente somos. E somos pecadores! Dentro de nós há erros! Devemos confessá-los. Vejo que a maneira de resolver a situação é dizendo tudo o que está em nosso ser, mesmo que doa, pois não há nada mais dolorido do que enfrentar uma mentira ou falsidade.

Isaías é um exemplo de sinceridade com Deus. Ele declarou que era um homem de lábios impuros e que vivia no meio de um povo com as mesmas características. Então, rasgou a sua alma e pediu ajuda para o Senhor, pois sozinho não conseguiria mudar.

> *"Então, disse eu: Ai de mim! Estou perdido! Porque sou homem de lábios impuros, habito no meio de um povo de impuros lábios, e os meus olhos viram o Rei, o Senhor dos Exércitos! Então, um dos serafins voou para mim, trazendo na mão uma brasa viva, que tirara do altar com uma tenaz."* Isaías 6:5 e 6

No relato desse texto, Isaías já havia se purificado, mas, quando falou com o Senhor, percebeu que ainda estava no erro. E sua sinceridade e clareza mudou sua sorte. Buscando conhecer a Deus, percebo que, quanto mais nos aprofundamos, menos Ele se importa com nossos erros e falhas. Importa é o que fazemos disso quando nos aproximamos da santidade divina. É impossível não detestar o pecado estando perto do Pai.

Não podemos permanecer no erro, mas precisamos do Senhor para sair dele. Sozinhos podemos não conseguir.

A Bíblia é clara quando diz que "quando estamos fracos, ai é que somos fortes" (2 Coríntios 12:10). Não podemos entrar na luta contra nosso próprio "eu" sem o Espírito Santo e sem a força de Jesus.

Precisamos de intercessores, conselheiros, discipuladores. O fato é que não podemos caminhar sozinhos. Existem aqueles que nos amam e querem nos ver filhos de Deus melhores. Necessitamos dessas pessoas na guerra contra o nosso próprio interior. Para alcançar santidade, não temos que ser santos e sim sinceros. "Busque ao Senhor enquanto se pode achar, invocai-o enquanto está perto" (Isaías 55:6).

Deus irá restaurar a sua sorte, como fez com Jó e sua esposa, quando você tratar com Ele suas situações mal resolvidas. Não vá com interrogações, mas aceitando e conhecendo ao Senhor como realmente é.

"Bem sei que tudo podes e nenhum dos teus planos pode ser frustrado. Quem é aquele, como disseste, que sem conhecimento encobre o conselho? Na verdade, falei do que não entendia; coisas maravilhosas demais para mim, coisas que eu não conhecia. Escuta-me, pois, havias dito, e eu falarei; eu te perguntarei, e tu me ensinarás. Eu te conhecia só de ouvir, mas agora os meus olhos te veem." Jó 42:2-5

CAPÍTULO **4**

PERDOAR A SI MESMO

A falta de perdão pode leva uma pessoa à depressão e até mesmo ao suicídio. Perdoar a si mesmo é algo essencial. Temos a tendência de exigir de nós mais do que das outras pessoas. O assunto é tão sério que alguns não conseguem aceitar a forma que receberam do Deus que os criou. Não se sentem bem com a sua aparência física ou com o seu estado emocional.

A nossa não aceitação de quem somos não é algo que fere o coração do Senhor, considerando que Ele nos conformou com o melhor que tinha? Não podemos ser capazes de perdoar a Deus e não perdoar a nós mesmos. Não faz bem ficar remoendo lembranças do passado. Isso pode se tornar uma penitência perpétua, um sofrimento eterno. Uma pessoa que aceita permanecer dessa maneira não pode ser considerada livre e nova criatura em Cristo Jesus.

Na Palavra de Deus, encontramos alguém que não se perdoou. Judas é um bom exemplo para explicar o que estamos falando. Após vender a Jesus, ele não conseguiu lidar com a culpa e tirou a sua própria vida. Ao contrário de Pedro, que, após negar a Cristo, se arrependeu, se perdoou e permaneceu firme nos seus ensinamentos, até ao ponto de morrer por amor a Ele.

"Então, Judas, o que traiu, vendo que Jesus fora condenado, tocado de remorso, devolveu as trinta moedas de prata aos principais sacerdotes e aos anciãos, dizendo: Pequei, traindo sangue inocente. Eles, porém, responderam: Que nos importa? Isso é contigo. Então, Judas, atirando para o santuário as moedas de prata, retirou-se e foi enforcar-se." Mateus 27:3-5

Judas não soube lidar com a atitude que teve com o seu Mestre. Tentou resolver e não conseguiu. O remorso corroía o seu interior. Uma pessoa acusada na mente faz loucuras. Pedro, por sua vez, não ficou se culpando pela atitude errada. Após se perdoar, seguiu em frente, declarando ser seguidor de Jesus até os confins da Terra. E obedeceu a sua direção ao reencontrá-lo após a ressurreição. Então, recebeu o Espírito Santo e ensinou a mensagem de Cristo a todos.

A Palavra afirma que, quando Deus nos perdoa, já não lembra mais de nossos pecados. Isso não significa que Ele perca a memória, mas que não leva em conta os agravos dos mesmos. Opta por não usar mais a acusação pelo que aconteceu contra nós.

Precisamos aceitar a nós mesmos. Se o Pai não faz acepção de pessoas é porque somos aceitos e amados. O Senhor não escolhe perdoar a um e ao outro não. Nos casos de Judas e Pedro, Ele teria perdoado os dois da mesma maneira. Não era necessária a atitude fatal do primeiro. É muito importante que nos perdoemos tanto quanto perdoamos a Deus.

Perdoar a nós mesmos não se trata de esquecer, mas de não recordar do acontecido de maneira negativa. Não significa que não iremos mais lembrar e sim que não irá mais doer no nosso interior. Podemos nos sentir bem sendo da forma como somos, baixos, altos, magros, gordos, solteiros ou com o amor de nossas vidas. Viver bem é aceitar a maneira como Deus nos criou.

Abrir mão do que estamos segurando contra nós é necessário, para que possamos pegar nas mãos de Deus e seguir em frente. Jogue fora as pedras que tem para você mesmo! Aceite as perdas e as derrotas sofridas. As atitudes do passado não podem determinar o futuro.

"O perdão é um estilo de vida para aquele que não se ofende"
Kaysuan Lopes

A vida é cheia de escolhas e cada uma nos leva a uma direção, positiva ou negativa. A verdade é que gastamos mais energia quando escolhemos negativamente. A mágoa é como um ratinho que fica roendo nossas emoções, principalmente quando deitamos para dormir. Perdoar é um escolher por uma posição, o que pede coragem e força. Isso nos dá a oportunidade de nos tornarmos vencedores, ao invés de permanecermos vítimas do nosso próprio desprezo.

Quando rejeitamos o perdão estendido por Deus e pelos outros ou quando nos recusamos a perdoar a nós mesmos, o que estamos fazendo é nos colocando acima das demais pessoas e, o pior, do Senhor. Isso é orgulho e traz autodestruição, espírito altivo e queda.

Tentativa de Suicídio

(Culpar-se de maneira inconsciente)

Na experiência que tive na infância, eu e minha família fomos a uma pescaria e voltamos com quatro caixões para colocar na sala da minha residência. Havia uma criança de uns 11 anos que assistiu toda aquela tragédia e não fez nada. Era eu. Não havia muito a fazer com um carro que caiu na água com adolescentes dentro. Enquanto afundava, ficando com as rodas para cima, os adultos que ali estavam tentaram tudo o que podiam. Permaneci no lugar até o resgate chegar... Depois, fomos para a casa.

As indagações me perseguiram por anos: "Por que não segurei na mão do meu irmão?"; "Por que não o impedi de entrar no carro?". Conto o meu testemunho de restauração no livro "Mergulhando em Deus" (2013). Não sabia que me culpava por aquele acidente. Mesmo entendendo que eu era uma criança na época e que não poderia fazer nada, no fundo me culpava.

Não sabia lidar com as lembranças de gritos, dor e desespero. Infelizmente, tive a mesma ideia de Judas. Eu precisava resolver aquela situação do meu interior e uma maneira era ir para onde os meus familiares que morreram estavam. Assim, conseguiria ficar livre da dor e da culpa. Foi então que vi um saco de veneno fechado e pendurado. Dentro de mim, veio uma voz: "Se beber, você vai para junto dos seus irmãos!".

Peguei o envelope, misturei quatro colheres com água e guardei o restante no lugar. Bebi o que preparei, lavei o copo, deitei no sofá e fiz posição de morta, cruzando os braços em cima do corpo. Fiquei tonta e uma espuma veio de dentro de mim. Quando chegou à minha boca, adormeci. Ao acordar, a minha irmã estava sentada no sofá próximo de mim, me perguntando: "Nilce, o que você tem? Está muito pálida".

Respondi que não era nada e, por isso, também não fui socorrida. Depois, descobri que três colheres daquele veneno eram mais do que suficientes para matar alguém. A minha família nunca ficou sabendo desse episódio. Só sabem os que acompanham o meu ministério. Não fiz nenhuma lavagem estomacal nem tomei o que quer que fosse para limpar o organismo. Fiquei simplesmente calada em relação ao acontecimento.

A única explicação que eu teria para aquele momento é a de que foi um milagre, pois há propósito de Deus para se cumprir na minha vida na Terra. Paulo, certa vez, teve uma experiência dessas. Foi picado por uma cobra venenosa e todos ficaram esperando ele morrer. Uso para mim mesmo as palavras de Deus para o apóstolo naquele dia:

> *"Estes sinais hão de acompanhar aqueles que creem: Em meu nome, expelirão demônios, falarão novas línguas; pegarão em serpentes; e, se alguma coisa mortífera beberem, não lhes fará mal; se impuserem as mãos sobre enfermos, eles ficarão curados."*
> Marcos 16:17 e 18

A morte não me levou, mas eu passava dias e noites tendo visões de pessoas morrendo na minha frente. Andava na rua vendo meus pais, meus irmãos morrerem. Ninguém dormia no meu quarto, pois ficava a noite toda acordada. Eram dias sem dormir, além das várias crises nervosas. Só conseguia pegar no sono com remédio de tarja preta, específico para o problema. E, quando isso acontecia, tinha muitos pesadelos.

O que eu queria era ficar livre de tudo aquilo e ir para junto dos meus irmãos no céu. Hoje sei que o diabo não fala para alguém se matar e também que a vontade de quem se mata não é exatamente morrer. Ele diz coisas boas e, na verdade, a pessoa só quer se livrar de sua dor.

Não entendia porque Deus não havia me levado embora. Sem perceber, dentro de mim havia um sentimento de troca, como se meus irmãos estivessem no meu lugar. Deveria ter ido e não eles. Assim, não estaria sentindo tanta dor. O fato é que não me perdoava por isso. Achava que a culpa era minha.

Conheci várias pessoas que viviam o mesmo dilema que o meu. Principalmente quando quem havia morrido era um filho, um cônjuge. Elas preferiam ter ido embora ao invés de ficar aqui na Terra sem aquele a quem amavam. Como não conseguiam culpar a Deus ou a quem quer que fosse pela perda, jogavam nelas mesmas a culpa, se perguntando todos os dias: "Por que o Senhor não me levou ao invés do Fulano?". Ou dizendo: "Eu estava pronto e Fulano, não. Deveria ter ido em seu lugar!".

Davi nos ensina o caminho que precisamos seguir por alguém aqui na Terra. Ele teve um filho, que amava muito e era fruto de um pecado, mas este foi ferido. Durante o tempo de enfermidade, o rei chorou, jejuou e ficou no quarto orando. Nada falava com as pessoas até que a criança morreu. Ao chegar a notícia, se levantou, mudou as vestes, adorou ao Senhor e depois comeu. Enquanto havia folego de vida no seu descendente, acreditava e pedia a Deus. Porém, quando a morte foi anunciada, decidiu adorar e se recompôs.

"E o Senhor feriu a criança que a mulher de Urias dera à luz a Davi; e a criança adoeceu gravemente. Buscou Davi a Deus pela criança; jejuou e, vindo, passou a noite prostrado em terra. Então, os anciões da sua casa se achegaram a ele, para o levantar da terra; porém ele não quis e não comeu com eles... Viu, porém, Davi que os seus servos cochichavam

Ficar remoendo o que não fizemos por quem se foi ou ficar arrependidos de coisas que fizemos ou não no passado em nada mudarão as situações que nos afligem. Os que se foram não voltarão mais. Temos que nos perdoar e seguir em frente, fazendo o bem aos que ainda estão na Terra conosco.

"Perdão é lucro"
Helena Maciel Dias

Não podemos ignorar os vivos enquanto externamos sentimentos pelos mortos. Estes se foram, nós estamos aqui. Várias pessoas que nos cercam nos amam e precisam que também demostremos esse amor. Devemos seguir o exemplo de Davi, ou seja, louvar a Deus pelas perdas que tivemos e pelas provações que Ele nos permitiu passar. Temos que investir nosso tempo hoje com os que necessitam de nós.

Não aceitando a perda

Em Caldas Novas, convivi de perto com a família de uma discípula e amiga. Nós duas fazíamos várias coisas juntas, como cultos, reuniões de oração no monte, passeios com os jovens. Mas ela era muito próxima e unida à mãe. Esta, por vezes, pedia que chamássemos a filha para sair conosco e assim tivesse a oportunidade de estar com outras pessoas.

A mãe, contudo, teve um coágulo na cabeça e passou por várias cirurgias e UTIs (Unidades de Terapia Intensiva). Por fim, chegou a óbito. A filha não aceitou a enfermidade e morte da genitora, que não tinha dúvidas de que era seu tempo de partir para o Senhor. Tanto é que, após os períodos em coma, voltava dizendo: "Eu estava com o Senhor. Ele dizia que eu era o sal da Terra e me mostrava onde eu ia morar! Por que não me deixam ir embora? Aqui não é mais meu lugar!".

Mesmo presenciando as experiências e as palavras daquela mulher no leito de morte, a filha não conseguiu lidar bem com tudo aquilo. E passou a orar todos os dias para ir embora também. Não conseguia ficar sem a mãe e não aceitava o fato de a outra ter partido e a deixado. Mesmo o grande sorriso no seu rosto não apagava o olhar triste que tinha.

Após vários tipos de enfermidade, ela chegou à minha casa, com um sorriso lindo e disse que estava indo até as pessoas que amava. Eu, como sabia da sua luta para permanecer na Terra, ou melhor, para não ficar na Terra, perguntei: "Você está se despedindo? Não desistiu ainda de ir embora, não é?".

Ela disse que tinha ido à casa de várias pessoas, que não perceberam sua real intenção. Depois disso, foi embora. Após um mês, estávamos enterrando minha amiga, que não conseguiu se perdoar pela falta de sua mãe. Achava que não podia ficar aqui sem ela.

Precisamos desligar da nossa alma os que se foram e que eram muito próximos a nós. O perdão é o primeiro caminho que temos que buscar, mas isso depende de uma decisão. Como o ataque é a melhor arma de defesa, geralmente as pessoas feridas que não se perdoaram ferem os outros. Quanto mais você evita perdoar a si mesmo, quanto mais permite sentimentos de autocomiseração e mais explosivo se torna. E, portanto, mais apto a continuar ferindo.

A realidade é que não podemos mudar o que aconteceu nem podemos restaurar vidas para antes dos acontecimentos. No entanto, podemos fazer a diferença na vida dos outros. É possível dar a volta por cima, investindo nosso tempo e compaixão nos necessitados. Devemos encontrar um motivo justo para viver.

Deixe-se curar! Perdoar a si mesmo pode dar outro rumo para a sua vida. Não temos o poder de voltar no tempo para fazermos determinadas coisas ou mesmo para deixarmos de fazer outras. O tempo é agora! Não mude o seu passado. Mude o seu futuro, mudando o seu presente. Altere o curso de sua história se perdoando!

Tipos de sentimentos que levam alguém a não se perdoar

A falta de perdão é acompanhada de sentimentos que normalmente são inconscientes. Poucos são os casos em que não são. Por causa deles, muitos têm dificuldade em lidar consigo. Não enxergam o que há em si, mas é fácil apontar as fraquezas dos outros. Abaixo vou relacionar alguns pontos, por vezes ocultos, na vida de pessoas que não conseguem ser livres em Cristo, aceitar seus erros e defeitos e abandoná-los.

Nós só podemos abandonar atitudes e sentimentos que reconhecemos que temos. Se não conseguimos identificá-los, também não podemos lutar contra e consequentemente não os venceremos. O primeiro passo para vencer um inimigo é o conhecendo. Não podemos ignorar o poder que ele tem. Temos que saber quais são suas fraquezas e debilidades. Quanto a nós mesmos, também é assim que funciona. Precisamos nos conhecer e nos vencer.

1. **Orgulho**

A Bíblia relaciona esse sentimento como ruína, pois os que o têm não aceitam perder e não dão o braço a torcer. Essas pessoas são firmes. Até mesmo nas suas derrotas, não reconhecem que não puderam ganhar tudo. Isso é um tipo de orgulho. Geralmente o orgulhoso não aceita favores, é autossuficiente, não precisa de ninguém. Até pode ajudar muito os outros, mas não consegue aceitar que façam o mesmo com ele.

O orgulho é entendido como soberba e arrogância. Algumas pessoas podem confundi-lo como sinônimo de dignidade. É considerado pela tradição como um dos sete pecados capitais. A Bíblia vê essa como uma característica que afasta alguém de Deus. De fato, já no Antigo Testamento, temos o exemplo de Ezequias. O livro de Crônicas diz:

"Por aqueles dias, Ezequias caiu doente e esteve a ponto de morrer. Implorou a Deus, que lhe falou e lhe concedeu um milagre. Mas Ezequias não correspondeu ao benefício recebido. Seu coração se orgulhou e a ira se abateu sobre ele, sobre Judá e Jerusalém. Ezequias, porém, humilhou-se do orgulho de seu coração, assim como os habitantes de Jerusalém; a ira de Deus cessou de abater-se sobre eles, durante a vida de Ezequias." 2 Crônicas 32:24-26

No livro de Provérbios, temos várias referências sobre o orgulho. Ele é algo que Deus abomina. Isso fere o coração do Senhor e o impede de se manifestar na vida de alguém. Veja a lista:

"Detesto o orgulho e a soberba, o mau caminho e a boca falsa." Provérbios 8:13

"Onde tem orgulho, tem desprezo, mas com os humildes está a sabedoria." Provérbios 11:2

"O orgulho só causa discórdia; a sabedoria está com os que se deixam aconselhar." Provérbios 13:10

"A soberba precede a ruína e a altivez do espírito, a queda." Provérbios 16:18

"Orgulhoso, soberbo, seu nome é zombador. Ele age no ardor do seu orgulho." Provérbios 21:24

"O orgulho do homem o humilha, mas o pobre de espírito torna-se honrado." Provérbios 29:23

"Eu, orgulhoso?"

Quando estudamos determinado assunto, as primeiras pessoas tratadas somos nós mesmos. Aprendi, de forma errada, que não se pede nem se ganha nada de ninguém. Entendia que precisamos lutar para conseguir, trabalhar para ter. Por conta desse pensamento, eu tinha muita dificuldade em receber favores. Mesmo no Evangelho, aceitar os outros fazendo algo para mim era como crucificar minha carne. Com os familiares, até era diferente. Eu era a mais nova e, com certeza, mimada. Mas em relação às demais pessoas, era muito estranho!

Descobri que o orgulho mora por aí, ronda o nosso coração com autossuficiência. Enquanto isso, Cristo nos ensina a que não caminhemos sozinhos e sim, pelo menos, de dois a dois. Ele mesmo escolheu fazer o ministério na Terra com homens falhos, mas não andou só.

Precisei experimentar a comunhão com os irmãos. Nas primeiras vezes em que ganhei presentes, especialmente nas que eu necessitava, o meu rosto chegava a corar. Agora é bem mais fácil ver que, em cada coisa que ganho, as pessoas querem honrar a Cristo pelo que o Espírito Santo me confiou.

2. Autodestruição

No Dicionário Aurélio, a palavra autodestruição quer dizer "explodir em segundos". Esse tipo de comportamento tem a ver com atitudes negativas e destrutivas que um indivíduo tem para consigo. Isso pode fazer parte de um processo físico, marcado por tendências suicidas, de automutilação, etc. E pode arrastar a pessoa para a morte social, perda de autoestima, isolamento e solidão autoproduzida, entre outros.

A tendência de quem não se perdoa é querer morrer para não enfrentar a dor do seu coração. A pessoa não quer ficar enferma ou sofrer um acidente. Ela só deseja ir embora e parar com o seu sofrimento. Na verdade, não anseia pela morte, mas não consegue ver graça e beleza em mais nada. Os olhos do seu coração são cinzas e pálidos.

Uma jovem da Igreja confessou uma vez que estava orando havia dias, clamando a Deus parar morrer. Então, pedi que fechasse os olhos que eu iria orar da seguinte maneira: "Senhor, que ela, ao descer de moto amanhã para trabalhar, possa sofrer um acidente, ficar enferma vários dias. Então, pode ir embora para junto de ti!". A moça olhou para mim, com espanto, e disse:

- Não! Assim eu não quero.

- Está bem. Vou orar assim: "Deus, que ela possa adquirir uma enfermidade mortal, ficar na cama vários dias e, então, ser recolhida para ti!".

A resposta veio rápida:

- Não, pastora! Assim também não quero.

E eu lhe perguntei:

- O que você quer?

- Não quero morrer mais! Quero ter força para viver – respondeu ela.

Como foi citado antes, Elias viveu algo parecido. Depois de experimentar milagres, foi afrontado por Jezabel e fugiu, pois ela estava exterminando os profetas. Um pouco mais à frente, ele próprio pediu que a sua vida chegasse ao fim: "Já basta, ó Senhor" (1 Reis 19:4). Só que quem quer morrer não foge da morte! Na verdade, pensamentos e sentimentos são lançados pelo diabo na mente e no coração de pessoas que, no momento de fraqueza, os aceitam como um escape. Trata-se de algo que pode justificar o fato de não saberem lidar com os problemas.

Alguém nesse estágio tem mania de adiar, deixar para lá as coisas e, às vezes, até mesmo as pessoas que não concordam com ele, pois o feriram. Tem sempre pensamentos de morte e destruição a seu próprio respeito. Parece que o mundo conspira contra a sua vida. Não se sente amado ou valorizado pelos outros.

Quem é assim não consegue enxergar qualidades em si mesmo, não consegue se amar. Se ficar sozinho, os pensamentos de morte rondam a sua mente. Precisa estar sempre no barulho, pois até o silêncio incomoda.

3. Autoflagelação

Pode-se definir a autoflagelação como o ato de causar dor a si mesmo, de se castigar. Flagelo significa "sofrimento, tormento". O perfeito sacrifício de Jesus foi exatamente para que não precisássemos passar mais por situações assim. Porém, algumas vezes, ouvimos expressões contrárias à morte de Cristo, como: "Eu mereço mesmo é sofrer!"; "Preciso disso para pagar o mal que já fiz!".

A graça de Cristo já levou tudo sobre a sua cruz e agora podemos ser livres de toda dor e fardo do nosso passado. Precisamos apenas nos arrepender dos nossos pecados e seguir um caminho reto, de mãos dadas com o Pai. Não precisamos nos mutilar nem no corpo nem na alma (maltratando os nossos sentimentos) para que haja remissão de pecado e salvação.

Muitas pessoas não se perdoam por causa desse sentimento de flagelo. Elas pensam precisar da punição para que se tornem pessoas melhores. Esses pensamentos as levam a crer que, se ficarem livres do sofrimento, podem perder a direção e a salvação.

Quando Cristo sofreu flagelo foi para que nós não precisássemos viver mais assim na Terra. Ele se sacrificou e derramou seu sangue para isso. Não precisamos alimentar sofrimento para que sejamos livres. Podemos alcançar a liberdade em Jesus, que foi flagelado de forma física, moral e espiritual. O preço já foi pago e agora é pela graça que andamos.

4. **Autocomiseração**

O Dicionário Aurélio define esse termo como "sentir pena de si". Autocomiseração é a atitude de nos voltarmos contra nós mesmos por termos sido rejeitados por alguém. É, na verdade, uma falta de amor próprio, uma raiz da rejeição. Essa condição pode ser vista como inimiga do amor e, portanto, é pecado.

O amor é a maior conquista da redenção alcançada por Jesus. Quando temos pena de nós mesmos, estamos no caminho contrário ao que nos foi ensinado. A autocomiseração está dentro da área das "doenças do ego". Quando mimamos o nosso "eu", se estabelece o pecado, que precisa morrer para que o novo homem possa surgir.

Quando pessoas com problemas nessa área identificam a correção ou a disciplina de Deus, acreditam que estão sendo punidas ou julgadas por Ele. Nessas ocasiões, muitas vezes, sentem pena de si mesmas. Isso é particularmente perigoso, porque habitualmente não reconhecemos tal comportamento como pecado e não percebemos que a autocomiseração fortalece o velho homem.

> *"As misericórdias do Senhor são as causas de não sermos consumidos, porque as suas misericórdias não têm fim."* Lamentações 3:22

A raiz da autocomiseração está na nossa relutância em admitirmos que somos humanos e pecadores, que precisamos ser corrigidos. Se reconhecêssemos nossos pecados, ficaríamos gratos quando Deus começasse a combatê-los. Quando Ele envia a provação é para que possamos conhecê-lo mais e também para nos livrar do engano. Não há necessidade de sentir pena de si nesses momentos. Veja o que Jó disse à sua esposa no momento de grande prova:

> *"Como fala qualquer doida, assim falas tu; receberemos o bem de Deus e não receberíamos o mal?"* Jó 2:10

Jó não ficou com pena de si mesmo, mas foi grato pelo mal que veio, pois servia a Deus e foi com sua permissão que sofreu. Havia um propósito. Ele sabia que, na hora certa, o Senhor iria se manifestar. Tinha fé de que foi poupado vivo para algo que não entendia naquele momento, mas entenderia no futuro.

Diferente do exemplo citado, muitas pessoas, quando atribuladas, acusam a Deus. É comum estabelecerem uma barreira contra Ele, o que atrai a sua ira sobre elas mesmas. De repente, poderão se ver privadas da graça divina, pois não conseguiram enxergar a correção que iria ajudá-las a serem participantes da santidade do Senhor. A autocomiseração as leva à direção oposta àquela recomendada pelas Escrituras. Deveríamos julgar a nós mesmos, como disse o apóstolo Paulo.

"Porque, se nos jugássemos a nós mesmos, não seríamos julgados, mas, quando julgados, somos disciplinados pelo Senhor, para não sermos condenados com o mundo."
1 Coríntios 11:31 e 32

5.   **Autodepreciação**

O Dicionário Aurélio diz que autodepreciação é rebaixar ou diminuir o valor. Alguém é considerado autodepreciativo quando tem a autoestima baixa. Esse comportamento é conhecido também como "complexo de inferioridade". É caracterizado quando a pessoa aceita e alimenta suas baixas qualidades, aumentando-as com lupa. Ela tem mania de se diminuir em abundância e dizer palavras como: "Eu não presto para nada!".

Indivíduos assim não se dão o direito de receberem amor, de serem amados e de terem sucesso. Eles não aceitam que tenham uma vida feliz. Podem ter tudo, dinheiro, família, saúde, mas não conseguem exercer nada com alegria. É colocado um bloqueio no seu interior, tirando a possibilidade de uma vivência satisfeita e completa. Quando o Senhor os chama para algo, logo, por conta desse sentimento, dizem: "Eu, Deus? Quem sou eu?".

Os autodepreciativos não conseguem achar que merecem algo de bom. Pensam que existe sempre outra pessoa mais preparada do que eles para aquela obra. Esquecem-se de que Deus nunca irá chamar alguém capacitado, mas capacitará o escolhido, para que a glória não seja humana e sim dEle. E, como já vimos aqui, o Senhor não divide isso com ninguém.

Quando Deus chamou Gideão, o fez para que todos soubessem que era e é capaz de levantar alguém e mostrar que seu poder estava realizando e não o homem propriamente dito. O Senhor não olhou para as circunstâncias que este vivia.

> *"E ele lhe disse: Aí, Senhor meu, com que livrarei a Israel? Eis que a minha família é a mais pobre em Manassés e eu, o menor na casa de meu pai."* Juízes 6:15

Deus não se importa se nos sentimos os menores ou menos qualificados. Ele se importa se obedecemos a sua direção com fé. Não podemos desistir e desacreditar no seu poder. Renunciarmos às nossas vontades para realizar a dEle é fazer algo que não temos capacidade. Precisamos da ação do Espírito Santo e da decisão de seguirmos adiante na força do seu poder.

"Porque vede, irmãos, a vossa vocação, que não são muitos os sábios segundo a carne nem muitos os poderosos nem muitos os nobres que são chamados. Mas Deus escolheu as coisas loucas deste mundo para confundir sábias e Deus escolheu as coisas fracas deste mundo para confundir os fortes. E Deus escolheu as coisas vis deste mundo e as desprezíveis e as que não são para aniquilar as que são; para que nenhuma carne se glorie perante Ele."
1 Coríntios 1:26-29

Se Deus escolhesse alguém capacitado para fazer algo, talvez essa pessoa o fizesse pelo seu próprio conhecimento e capacidade e não na dependência do Espírito Santo. O Senhor chama alguns que não são capazes de realizar determinada obra, para que todos os demais vejam seu poder e sua autoridade.

"Mas vós sois dEle, em Jesus Cristo, o qual para nós foi feito por Deus sabedoria, justiça, santificação e redenção; para que, como está escrito: Aquele que se gloria, glorie-se no Senhor."
1 Coríntios 1:30 e 31

Deus não escolhe os capacitados, mas capacita os escolhidos

Eu sou prova de um ministério totalmente capacitado e inspirado pelo Espírito Santo, visto que nunca tive o dom de mestre nem gostava de preparar estudos e ensinos. Não sou culta, intelectual ou formada na área. No meu caso, escrever livros e atuar como coordenadora editorial é um sinal de que alguém que não é capaz pode trabalhar com pessoas capacitadas. Isso porque todos os profissionais que trabalham comigo nesse ramo, que fazem parte da minha equipe editorial são formados e preparados para essa obra.

Se não fosse assim, eu poderia me gloriar e não aceitar que estava vindo do Senhor e sim de mim mesma. Hoje consigo ver o ministério do Espírito Santo através da minha vida, não mais por vanglória ou orgulho. Mas para a glória do Senhor. Conheço outros ministérios que também começaram assim: Construção de instrumentos musicais, desenho de vestidos, ilustração de materiais infantis, composição de músicas, etc...

Esse fato não quer dizer que toda a revelação venha de imediato. Precisamos nos dedicar a algo que Ele nos deu, deixarmos a preguiça e os afazeres de lado e estudarmos, estudarmos e estudarmos mais ainda. É preciso que aprofundemos no que está sendo ministrado em nosso coração.

Vemos muitas pessoas na caminhada que poderiam também estar sendo úteis no ministério com o Espírito Santo, mas a preguiça e seus afazeres ocupam todo o seu tempo. É preciso que se siga um caminho de morte, morte para o "eu", morte para o "eu quero", morte para o "eu faço".

Os talentos são assim. Se não os usamos, o Senhor tira de nós e dá para quem está usando. Mas, se quisermos mesmo, Ele nos dá. A decisão é nossa. Existe um preço a se pagar, que é a obediência e, muitas vezes, solitário. A solidão passa a ser a nossa melhor aliada nessas horas. As festas já não encantam mais o nosso coração. Regozijamo-nos com o resultado do nosso tempo com o Espírito Santo.

Quando Deus nos formou no ventre de nossa mãe, sabia que teríamos essa personalidade, que seríamos exatamente assim como somos e nos amou. Então, precisamos identificar nossos defeitos de personalidade, aceitá-los e mudá-los em nós.

Psicopatia

Vamos aqui conversar sobre a ausência de sentimentos que a maioria de nós quer, como, por exemplo, não sentir dor, não ter arrependimentos e ficar livre de culpas, até mesmo de nossa própria alma. Aliás, os psicopatas são assim.

Na "Apostila de Discipulado 1 x 1 – Oração" (2017), falo sobre o assunto. Lá, explico que a psicopatia é um distúrbio psiquiátrico sério e que causa ausência de sentimentos na pessoa afetada. Os psicopatas, à primeira vista, são encantadores, agradáveis e geralmente causam boa impressão. São tidos como "normais" pelos que os conhecem superficialmente, mas, na intimidade, são cruéis e sem escrúpulos.

Há assassinos que não têm nenhum sentimento após o crime. Não demonstram remorso ou arrependimento. Podemos supor um exemplo de alguém assim na Bíblia, Herodias. Ela foi uma mulher inescrupulosa, sempre agindo em favor dos próprios interesses. Primeiramente, se entregou aos desejos sexuais, adulterando com o cunhado. Ao ser confrontada, arquitetou a morte de João Batista e usou a própria filha para obter benefícios com isso. Manipulou a moça para que exigisse a cabeça do profeta em uma bandeja.

> *"E mandou degolar a João no cárcere. A cabeça foi trazida num prato e dada à jovem; e ela a levou à sua mãe."*
> Mateus 14:10 e 11

Quero deixar aqui uma linha de pensamento sobre "dó ou pena" e "compaixão". A trindade não se move na pena, que é um sentimento sem propósito. Por exemplo, se um mendigo te pede dinheiro na rua, geralmente você entrega a menor nota que tem na carteira ou bolsa, desejando que ele saia logo de perto. Assim, pode seguir sua caminhada.

Compaixão, por outro lado, é um sentimento com propósito. Por exemplo, um mendigo te pede dinheiro na rua, você estende a mão para ele e vê uma maneira de ajudá-lo a mudar sua vida.

Quando vemos Jesus com a mulher que estava com a filha endemoninhada, a percebemos chegando até Ele e pedindo que libertasse a menina. O Senhor lhe disse que não era justo tirar dos filhos (judeus) e dar aos cachorrinhos (gentios). Sentimos pena e pensamos no porquê de tal atitude dEle com aquela mãe.

A resposta está no fato de que Jesus não tem ou tinha pena em seu coração. Ele viu a fé que aquela mãe possuía e se moveu por compaixão (isso sim faz parte da sua essência) para com elas, mudando-lhes completamente suas vidas.

"Eis que uma mulher cananeia, que viera daquelas regiões, clamava: Senhor, Filho de Davi, tem compaixão de mim! Minha filha está horrivelmente endemoninhada. Ele, porém, não lhe respondeu palavra. E os seus discípulos, aproximando-se, rogaram-lhe: Despede-a, pois vem clamando atrás de nós. Mas Jesus respondeu: Não fui enviado senão às ovelhas perdidas da casa de Israel. Ela, porém, veio e o adorou, dizendo: Senhor, socorre-me! Então, ele, respondendo, disse: Não é bom tomar o pão dos filhos e lançá-lo aos cachorrinhos. Ela, contudo, replicou: Sim, Senhor, porém os cachorrinhos comem das migalhas que caem da mesa dos seus donos. Então, lhe disse Jesus: Ó mulher, grande é a tua fé! Faça-se contigo como queres. Desde aquele momento, sua filha ficou sã."
Mateus 15:22-28

A palavra compaixão nos ensina que Deus sempre irá fazer aquilo que mude por completo a nossa história. Ele não nos dará algo momentâneo, que apenas refresque a nossa ferida. Quando Jesus resolver mudar a nossa história, precisaremos abrir mão das nossas dores e receber o que Ele tem de melhor para nós.

Certa vez, um mendigo pediu para o Senhor curá-lo. Mas não falou assim: "Jesus, tenha pena de mim, eu sou cego!". Pelo contrário, dizia: "Jesus, filho de Davi, tenha compaixão de mim!". Aquele homem já entendia que Cristo nunca se moveria por pena. Conhecia a sua identidade, ou seja, sabia que era o filho de Davi (Marcos 10:46-52). Ao conhecemos a Ele, o glorificamos e recebemos o que estamos buscando.

Deus sabia de tudo o que iríamos passar. E precisava que passássemos por essas coisas, não para morrermos e sim para ajudarmos os outros a saírem do rumo errado que estão tomando. Ele nos fortaleceu e não desistiu de nós, para glorificarmos seu nome e levarmos pessoas à salvação. Alguns não conseguem ser fiéis até o fim e receber a coroa da vida eterna. Que você deixe Deus te ensinar e conduzir ao caminho que, quando nasceu, já estava determinado para a sua vida.

Não desista de se amar! Aprenda a se perdoar e a lidar com você mesmo. Se não aprender isso, não haverá nem mesmo necessidade de ir para o próximo capítulo. Se a nossa busca é por ter um coração perdoador, perdoamos quem quer que seja, nós mesmos, Deus e o próximo. Liberar perdão para os outros fica mais fácil. Vamos ver mais sobre esse assunto nas páginas a seguir.

CAPÍTULO 5

PERDOAR AO PRÓXIMO

Quem não ama não se importa em estar bem com o próximo. O amor é a maior arma do perdão. Assim, só quem ama perdoa. No momento em que Jesus estava na cruz, em nosso lugar, pediu para o Pai para que fôssemos perdoados. Foi uma atitude que não conhecemos de nós mesmos. Precisamos dEle em nós para que consigamos viver isso.

O amor incondicional não exige nada em troca. Jesus não nos pediu nada. Simplesmente deu a sua vida por nós. "O amor tudo crê, tudo espera e tudo suporta" (1 Coríntios 13:7). Não há como alguém que não nos conhece nos ferir profundamente. Certamente, as pessoas que irão nos ferir são as que se relacionam ou convivem conosco.

No momento da cruz, Deus estava nos perdoando por matar seu Filho Unigênito. Será que seríamos capazes de perdoar a quem matou nosso filho? Vejamos alguns testemunhos que nos trarão clareza sobre ao assunto.

> *Testemunho 1*

Não sei se é verídico o que ouvi em uma pregação, mas nunca me esqueci da história. Um pai falava que teve o seu filho de 14 anos assassinado a tiros por outro jovem da mesma idade. No dia da audiência, após todos se manifestarem, ele pediu a oportunidade ao juiz de se pronunciar.

E começou: "Senhor juiz, este rapaz tem o mesmo porte físico e idade do meu filho, de quem tirou a vida. Seria fácil para todos nós que ele fosse para a prisão, ficasse o tempo determinado e voltasse às ruas, já que nunca teve um pai ou um lar. Para todos, isso seria a justiça sendo feita. Mas e para este jovem? Eu quero dizer algo e sugerir uma punição diferente".

Então, aquele homem se virou para o rapaz que estava sendo acusado e começou: "Jovem, as roupas e as coisas do meu filho ainda estão todas lá no seu quarto. Eu te perdoo por ter tirado a sua vida por causa de um tênis. E quero sugerir que você vá morar na minha casa, use as roupas dele, durma na cama dele! Vou te dar tudo o que daria para ele. Vou ser seu pai e você, meu filho".

> *Testemunho 2*

Em agosto de 1997, a imprensa noticiou a história de um vereador que teve o seu filho de oito anos sequestrado por três indivíduos. Toda a mídia acompanhou na época. Os sequestradores receberam o resgate e, ao invés de entregarem o menino vivo no lugar combinado, o deixaram morto. O garoto havia reconhecido um dos homens que trabalhava de segurança na loja de seu pai.

No dia do velório, quando perguntaram sobre o dinheiro e o assassinato da criança, aquele pai falou sobre uma dificuldade, uma situação com a qual não estava sabendo lidar: "Eu ainda não consegui perdoar os que mataram o meu filho. A vingança e o ódio estão me consumindo".

Os criminosos foram presos em seguida. Passado algum tempo, a mídia mostrou o mesmo pai saindo da penitenciária onde estavam os homens que mataram seu filho. Com semblante alegre, ele disse: "Eu consegui liberar perdão aos assassinos!".

"O perdão é para quem não merece"
Márcio Rezende

Esse é o caminho e não existe outro. Só uma postura assim pode trazer paz ao nosso interior. Seríamos capazes de perdoar alguém nesse nível? É importante que lembremos que é por causa do perdão que podemos hoje ter direito à salvação.

Ao descer à Terra, Jesus já sabia tudo o que iria passar aqui e, mesmo assim, se entregou na cruz para nos salvar. No momento de sua morte, com todos os nossos pecados sobre seus ombros, intercedeu em arrependimento por nós. E deu o direito a quem cresse de ser feito filho de Deus e de ter a vida eterna. Imagine viver a eternidade com Ele e com o Pai.

Quando Cristo se arrependeu por nós, Deus nos perdoou e apagou todas as nossas transgressões Seguir a Jesus é seguir os seus ensinamentos e Ele nos ensina a amar e perdoar os nossos irmãos.

Não podemos querer que Deus perdoe os nossos pecados sem que perdoemos o que a outra pessoa fez conosco. Perdoar nunca foi fácil e, por isso, é uma decisão e não um sentimento. Qual é o real significado da oração do "Pai Nosso"? Uma oração a ser orada ou uma oração a ser vivida?

Perdoar e amar o irmão são as duas coisas mais difíceis no Evangelho. Isso porque a pessoa de que se está falando aqui não é a que mora longe e que conhecemos mais ou menos. É, na verdade, aquela que come na nossa mesa e com quem nos relacionamos todos os dias.

Ao analisar que reação teria o irmão se o perdoássemos, sempre ouço: "Eu perdoo, mas e se o outro continuar tendo as mesmas atitudes?". Ou ainda: "Eu perdoo, mas o que vai acontecer com aquela pessoa?".

Não podemos perdoar pelo que irá acontecer ou pelas atitudes dos outros, pois não o fazemos por eles e sim por nós e por Deus. Então, provavelmente essas pessoas continuarão da mesma maneira. O importante é que o seu comportamento e palavras não nos doerão mais. Estaremos livres no momento do perdão e não carregaremos mais a ferida no nosso coração.

Quando falo em perdoar ao próximo, estou me referindo a todos, daquele nos deve (financeiramente) a quem nos traiu, nos abandou ou nos desonrou. Como todos têm um valor enorme na vida de cada pessoa, a dor da traição é comparada à dor da morte. Ainda assim, é preciso perdoar.

Eu não tinha o coração perdoador. Era vista e até me sentia como uma pessoa boazinha, como já falei, antes da criação da "vala do esquecimento" dentro de mim, para não doer. Mas Deus quis me ensinar algo mais profundo, subir um novo nível nEle. Precisava aprender isso!

➢ *Testemunho 3*

Nunca me esquecerei de 2009, quando Deus resolveu me ensinar coisas profundas que eu só conhecia de ouvir falar. Aquele foi o ano que Ele fez comigo como fez com Jó, tirando tudo em um único mês. Mas vamos voltar um pouco antes...

Meu sonho ministerial

Eu estava realizando um sonho ministerial. Havia saído fazia pouco tempo da Igreja em que me converti. Depois disso, fiquei ligada a um pastor de Goiânia (GO), por oito meses. Passado esse tempo, começaria um ministério independente, na cobertura de alguns amigos e companheiros.

Em poucos anos, estava com a Igreja montada, com sala de crianças e projeto social. Começamos também uma instituição filantrópica. Havia quatro casais de pastores: Um liderava a instituição; outro, as visitas e os batismos; um terceiro, os casais e os cultos nos lares; e ainda um quarto, à frente dos jovens e da área administrativa. Tínhamos ainda programas na TV local e na rádio, este último com mensagens evangelísticas.

O prédio do templo ficava no quarteirão em frente à minha residência. Estava muito feliz com minha família e meus filhos na fé. Eu morava com meus pais e a casa vivia cheia. Muitos familiares faziam parte da Igreja comigo, no louvor, na intercessão, na cozinha. Tudo parecia muito bem.

Certa vez, eu disse para as minhas irmãs que o que tivéssemos que fazer à nossa mãe, que fizéssemos logo, pois o tempo dela na Terra havia sido contado. E assim foi. Dois anos depois, adoeceu, foi ficando fraquinha e teve o diagnóstico de câncer no pulmão. Após a morte de meus irmãos no acidente, ela já havia se apegado muito aos filhos e, claro, como eu era a única solteira que morava em casa, muito a mim.

Morávamos em Caldas Novas e começamos as idas para a capital, Goiânia, que a cada dia se intensificavam mais. Até chegar ao ponto da minha mãe dar início à radioterapia. Por essa razão, precisava estar a semana toda lá. Alugamos uma quitinete próxima ao Hospital de Câncer, para onde íamos toda segunda-feira. Voltávamos à nossa cidade toda sexta-feira e, nos finais de semana, eu assumia a Igreja. Assim ficamos num período de dois anos.

Com o processo de radioterapia, minha mãe desenvolveu um problema no pericárdio, que é a membrana que envolve o coração, e o órgão começou a parar. Lembro-me bem daquela madrugada em que corríamos de um hospital a outro com ela tendo paradas cardíacas, sem conseguir uma UTI. Após isso, começaram as quimioterapias e os enfartos.

Por essa razão, passei a conhecer bem as UTIs de grandes hospitais. Começamos, mais uma vez, a lutar contra o espírito da morte. Nesse período, meu pai foi diagnosticado com câncer de pele e foi para Goiânia fazer tratamento. Pedi socorro às minhas irmãs e uma delas foi. Enquanto ela ia para o Hospital de Câncer com minha mãe, eu corria com meu pai para tratamento médico.

Fui ficando cansada de ver tanta dor e tristeza naqueles hospitais e UTIs. Certa vez, fiquei em casa durante uma revisão médica, mas minhas irmãs acompanharam minha mãe. Foi a única ocasião que foram sem mim. Minha família foi muito unida. Como sempre, nos unimos em ajudar. Todos mandavam dinheiro e nada nos faltava.

Mas eu não conseguia administrar a Igreja e "segurar a corda" com aquela séria situação em família. Então, recebi a notícia de que meus filhos ministeriais estavam com a direção de começar um trabalho próprio. Não me alegrei naquele momento, mas oramos juntos e depois passei o ministério que presidia para eles. Fizemos uma reunião e contei a minha decisão. Precisava lutar com minha mãe pela vida dela.

Aquele período foi muito turbulento. As pessoas dizem o que não devem, sem pensar nas consequências. As coisas que falamos se perderam no meio das vozes que vinham. Não tinha forças nem condições de lutar. Estava ferida e, claro, feria também. O ataque é a melhor arma de defesa e eu estava com muitas dores. Precisava ser forte para minha mãe, para a família, para os amigos e para a Igreja, mas dentro de mim as coisas não iam bem!

Eu havia sido convocada a uma reunião na Igreja e fui com minha irmã e um pastor amigo. Foi quando ouvi que deveria me afastar do ministério. Aqueles irmãos depois disseram que não falaram isso. Mas carreguei algumas palavras fortes que ficaram esfaqueando a minha alma durante muito tempo. Vivi e revivi aquela conversa por mais de anos.

Como eu lidava com esse tipo de problema, sabia que estava em uma depressão nível 1. Então, chamei minhas irmãs, disse que elas teriam duas pessoas na cama. A minha mãe não precisava mais ir para os hospitais de Goiânia. Estava "desenganada" pelos médicos e tinha alguns meses de vida. Fui, então, para a MCM, instituição que funciona em Trindade (GO) e que ensina sobre missões, caráter, oração, em um curso Intensivo de alguns dias. O objetivo era que eu conseguisse "segurar a corda" por mais tempo.

Durante aquele evento, a minha mãe foi embora, partiu para a glória. Então, voltei para casa. Depois de um tempo, fui para a MCM, para ficar mais um tempo, conforme havia combinado em reunião com os meus filhos na fé.

Mais de ano depois, aquelas palavras ainda cortavam meu coração como uma espada muito bem afiada. Eu não conseguia me livrar delas. Então, um dia, orando ao redor da piscina do complexo onde está a sede da missão, pedi ao Espírito da Graça que Ele entrasse naqueles sentimentos. De mim mesma, não estava conseguindo perdoar. E assim fiz algumas vezes, até que um dia acordei sentindo saudades daquelas pessoas. Passei a lembrar do que tinha ouvido e sentia compaixão.

Permaneci apenas em oração, mas aliviada, pois deitava a cabeça na minha cama e vinham sonhos. Passei, então, a escrever livros. Eu ficava pesquisando, orando, lendo sem sofrimentos no meu interior. A esperança trouxe sonhos ao meu coração. E Deus trouxe paz. Hoje sei ensinar que existem dores tão fortes e atitudes tão doloridas que só o Espírito da Graça (e graça é uma capacitação que vem do Senhor) para nos levar a um caminho diferente.

Um tempo depois, foi criada uma situação em que tivemos a oportunidade de, cara a cara, dizer tudo o que queríamos uns para os outros. Mas não havia mais amargura em meu coração.

“Quando decidimos perdoar quem nos fere, nos tornamos semelhantes a Jesus”
Kaysuan Lopes

Não sei quando ou como foi exatamente que aconteceu o perdão. Não vi mudança totalmente em mim. Estava lutando com outros sentimentos em meu coração e coisas da minha própria personalidade que precisavam ser mudadas. Aprendi com os livros “Desafios da Águia” a tirar os olhos do irmão e olhar para mim. Passei a ter um coração perdoador.

Vanglória no meu coração?

De maneira proposital, nesta etapa final deste livro, vou voltar a falar a respeito de vanglória. Já tratamos do assunto antes, mas penso ser importante reforçar alguns ensinos contra esse mal que tanto nos assola.

Enquanto orava pela reunião da qual falei anteriormente, Deus me mostrava as verdades de cada coração que participava dela, inclusive o meu próprio. Revivi aquele momento, mas não pela minha ótica humana e sim pelos olhos do Senhor. Ele me mostrou e me disse algo que eu não conseguia ver dentro de mim: "Você queria reconhecimento!".

Quando fazemos algo pelos outros, não vemos a motivação real do nosso coração. Eu achava que estava fazendo a eles pelo Senhor. Mas, agora que estava na pior, queria que me honrassem e me reconhecessem. Entendi a motivação do meu próprio coração com aqueles jovens. Queria que retribuíssem tudo o que havia feito em favor deles no passado. Mas a Palavra de Deus nos ensina:

"E tudo que fizerdes, seja em palavras, seja em ação, fazei-o em nome do Senhor Jesus, dando por Ele graças a Deus Pai."
Colossenses 3:17

Entendi que, se estava querendo retribuição, não havia feito ao Senhor. Por isso estava doendo tanto em mim. Descobri que precisava lutar contra a vanglória do meu coração. Para vencê-la, não deveria enfrentá-la diretamente, mas batalhar contra uma de suas parceiras, que é a "inferioridade", como já comentei no outro momento em que tratei do assunto nesta obra.

Descobri que havia inferioridade dentro de mim e precisava da afirmação das pessoas que me cercavam. Muitas vezes, o que fazia para elas era para me autoafirmar. Se fizermos algo ao Senhor, não devemos esperar reconhecimento ou valorização dos outros. Aprendi da maneira mais dolorida.

Percebi ainda que havia outras situações a serem resolvidas dentro de mim e precisava ficar livre delas. Glorifico a Deus por colocar em meu caminho pessoas que me ajudaram a ver as minhas imperfeições. Assim, eu me aproximava mais do Pai. Quando ainda estava descobrindo sobre vanglória, tive uma experiência que nunca esqueci.

Estávamos lançando o livro "No Sonhar, um Despertar" (2012). A obra falava sobre os órfãos do Sudão (país africano em guerra civil) e estava sendo produzida para ajudar as crianças de lá. A missão possuía um programa que as atendia, coordenado pela minha amiga, pastora Glaucia. O material já estava ilustrado e indo para reprodução gráfica e eu me negava a colocar o meu nome. Dizia: "O livro não é meu. Foi o Espírito Santo quem me deu".

A ilustradora estava brava comigo, pois precisava finalizar o projeto. Até que a pastora Gláucia chegou até mim e disse: "Nilce, essa atitude sua é da vanglória! Vigia, irmã!". Eu pensei em como não querer colocar o meu nome em um livro poderia ser vanglória, mas comecei a orar sobre isso.

Até que entendi que, muitas vezes, a pessoa que se esconde não é para não ser vista e sim para chamar a atenção para si. No fundo, quer ser lembrada e reconhecida. Começava a identificar aquilo em mim e aprendia como lutar contra tal comportamento.

Se quisermos vencer a vanglória, devemos lutar contra a inferioridade. Nunca venceremos a primeira diretamente. Temos que descobrir as causas que estão nos conduzindo a cair nesse pecado. Em qualquer que seja a situação, se precisamos da afirmação dos outros, temos que descobrir o que está nos levando a isso.

> *"Tudo quanto fizerdes, fazei-o de todo o coração, como para o Senhor e não para homens, cientes de que recebereis do Senhor a recompensa da herança. A Cristo, o Senhor, é que estais servindo."*
> Colossenses 3:23 e 24

Entendi, então, que todas as vezes que fizesse algo esperando recompensa para mim mesma seria vanglória. No dicionário o significado dessa palavra é "convencimento, nem sempre fundamentado na realidade, dos próprios méritos, qualidades ou talentos; vaidade; jactância; bazófia".

Voltando para casa

Quando tive a oportunidade de voltar para a minha cidade, a primeira coisa que fiz foi procurar aquelas pessoas de quem falei. Reativamos a instituição com outros líderes, que prontamente se dispuseram a caminhar juntos novamente. Desde quais voltei, já realizamos eventos evangelísticos e de oração, além de tempos de comunhão. Meus sobrinhos hoje são pastores no ministério com eles e no meu coração são meus filhos.

Amo e gosto de estar com todos e em todos os ministérios. Tento hoje saber mais sobre o amor do que sobre o perdão. Durante quatro meses, eu só chorei e, quando Deus falou comigo, usou uma única palavra: "Aprenda!". Creio que entendi a questão de perdoar. Compreendi a "vala do esquecimento" e os vários defeitos de personalidade e tento aprender mais com meus irmãos.

"Andarão dois juntos se não estiverem em comum acordo?"

O subtítulo também é um versículo bíblico (Amós 3:3). E ele é sempre citado quando um irmão não quer caminhar com o outro, não quer falar, não quer ver. Quando tudo o que as partes desejam é que um esteja no Brasil e outro, na "Cochinchina". Nessas situações, contudo, é preciso perder, não ter direito, perdoar.

Considerando que perder é ter a disposição de passar a mesma coisa e com a mesma pessoa novamente, se não andarem juntos, como ela poderá ter o direito de fazer com você o mesmo que fez antes? Perdoar não é mudar para dentro da casa do outro ou congregar na mesma Igreja. Mas é poder estar nos mesmos lugares e se sentir bem.

A verdade é que se algo dói é porque ainda não houve perdão. Quem perdoa sente saudades e compaixão. Não deseja o mal. Vivi isso na pele quando a enfermidade chegou à vida de um deles, que passava pelo vale da sombra da morte. Tínhamos nos perdoado e as minhas petições agora eram para o Senhor não lhe fazer o mal e sim curá-lo. Se não convivermos mais com quem nos feriu, não entenderemos a oração do "Pai Nosso".

> *"... E perdoa-nos as nossas dívidas (ofensas), assim como nós temos perdoado aos nossos devedores (ofensores)."* Mateus 6:12

Família, amigos e irmãos de Igreja

Perder dentro de casa é abrir mão do seu direito pelo da sua parentela. Não escolhemos família, nascemos nela para que sejamos luz. Mas, se não estamos levando isso e se na nossa boca e nos nossos olhos só há trevas, qual o propósito de Deus em tenhamos nascido no meio daquelas pessoas? Onde existir ódio, leve amor.

> *"Bem-aventurados os limpos de coração, porque verão a Deus. Bem-aventurados os pacificadores, porque serão chamados filhos de Deus."* Mateus 5:8 e 9

Se deixarmos de estar no meio da família porque algum parente não nos agrada, nos deve ou nos ofendeu, não seremos luz para aquelas pessoas. Os nossos familiares são o nosso primeiro ministério. Eles precisam ver Cristo na nossa vida. Temos que aprender a morrer para o nosso "eu" para que Ele viva em nós. É necessário aprender a amar o irmão como a nós mesmos.

Se eu coloquei coisas tão pessoais aqui neste livro, algumas que nunca compartilhei em nenhum outro, é para tentar ser luz para você. Para que saiba que, da mesma maneira que o Espírito Santo fez na minha vida, poderá fazer na sua. Basta que permita todos os dias.

Não quis expor ninguém e sei que todas as pessoas envolvidas nas situações aqui narradas tinham seus próprios direitos e motivações. Entendo que errei muito e estou tentando aprender a ser alguém melhor a cada dia. Não para mim, mas para poder ter autoridade e unção em levar outros a seguirem o caminho. Não sou boazinha e sim alguém que tem se colocado na cruz.

Respeite a sua dor

Existe tempo para todas as coisas nos céus e embaixo deles. Eu não entendia muito bem sobre isso e queria ficar livre da minha dor como em um passe de mágica. Temos uma visão de que precisamos ser "supercristãos", o que não existe. Somos seres humanos iguais a todos e passamos por momentos difíceis como qualquer outra pessoa.

Um dia, abordando a dor do meu coração, a pastora Adriana, minha discipuladora na época, me disse algo bem interessante: "Respeite o tempo da sua dor!". Só Deus, através do tempo, pode nos levar a superar as perdas e frustrações, a viver outro nível nEle.

Aceitar as perdas provoca dores e, muitas vezes, bem fortes dentro de nós. E não será de um dia para o outro que ficaremos livres delas. Como já disse, não existe uma injeção com efeitos imediatos para resolver nossos problemas.

"Tudo tem o seu tempo determinado e há tempo para todo propósito debaixo do céu: há tempo de nascer e tempo de morrer; tempo de plantar e tempo de arrancar o que se plantou; tempo de matar e tempo de curar; tempo de derribar e tempo de edificar; tempo de chorar e tempo de rir; tempo de prantear e tempo de saltar de alegria; tempo de espalhar pedras e tempo de ajuntar pedras; tempo de abraçar e tempo de afastar-se abraçar; tempo de buscar e tempo de perder; tempo de guardar e tempo de deitar fora; tempo de rasgar e tempo de coser; tempo de estar calado e tempo de falar; tempo de amar e tempo de aborrecer; tempo de guerra e tempo de paz." Eclesiastes 3:1-8

Veja: Existe tempo de abraçar e tempo de deixar de abraçar. No perdão, entendemos que no início é melhor se afastar da pessoa que nos feriu, até que o Espírito Santo trabalhe no nosso coração e no do ofensor e possamos voltar à fase do abraço.

Ficar procurando a pessoa com feridas na alma para não perdê-la pode levá-la para mais distante ainda. É preciso se afastar e se deixar ser curado, por mais que a ausência traga tristeza. Não é somente quem foi ferido que sente, mas quem feriu também. Se alguém está ferindo, provavelmente esteja se defendendo. Para o bem dos dois lados, é necessário um tempo afastado.

Quando eu ouvia dizer "É recente e você precisa do tempo", pensava que meses no sofrimento, com aquelas palavras dentro de mim, cortando minha alma, era muito para suportar. Mas, quando deu um ano e alguns meses, consegui, pelo Espírito da Graça, ficar livre das dores definitivamente. Elas não encontraram lugar em meu coração, pois aprendi algo muito importante, "quem eu sou para Deus".

As opiniões das pessoas a meu respeito já não são tão importantes assim. Podem me ajudar a olhar para dentro de mim e me fazer alguém melhor, mas não mais para minha morte. Qual é a sua identidade em Deus? Como se vê? Você não vive sem você mesmo! A primeira pessoa que tem que amar é o Senhor e a próxima é si próprio. Pense nisso.

CAPÍTULO 6

RELACIONAMENTO

O amor é a base de uma relação, mas sozinho não a sustenta. Ele é a fundação, se compararmos o relacionamento com um prédio ou uma casa. Tudo deve ser construído em cima desse alicerce. Nada existirá entre as pessoas sem isso.

"Ainda que eu fale as línguas dos homens e dos anjos, se não tiver amor, serei como o bronze que soa ou como címbalo que retine. Ainda que eu tenha o dom de profetizar e conheça todos os mistérios e toda a ciência; ainda que eu tenha tamanha fé, a ponto de transportar montes, se não tiver amor, nada serei."
1 Coríntios 13:1 e 2

Qualquer relacionamento só perdura com essa fundação. Se não tiver isso, um vento pode destruir a comunhão. Passamos a não suportar o próximo e tudo nele nos leva à antipatia. Não criamos afinidade, por mais íntimos que sejamos de quem está perto de nós. Só de esse alguém chegar, já nos constrange.

Só perdoamos quem amamos, o que não é o caso da pessoa citada no parágrafo anterior. Assim, rui facilmente todo e qualquer momento de interação. Nada superamos as dificuldades. Não conseguimos suportar o que quer que ela faça contra nós. Seus defeitos serão aumentados como pela lupa.

Como numa construção, o que mantém um relacionamento são as colunas. Elas sustentam as paredes e o teto. Vamos chamá-las de princípios, os quais vale pontuar: a) Respeito; b) Consideração; c) Confiança; e d) Gratidão. Existem outros, mas vamos discorrer sobre esses.

Se alguma dessas colunas entrar em ruína, não há como sustentar o relacionamento. Não se trata de acabar o amor. Na verdade, as atitudes erradas da outra pessoa é que fazem com que o ferido não suporte mais se relacionar.

Vamos dar um exemplo bem simples aqui, o de um lar onde haja um jovem dependente químico. O rapaz, pelo seu estado, perde o respeito e a consideração pela família, fala o que quer, briga, xinga, bate as portas. Além disso, pega as coisas dentro de casa e vende. Os pais acabam perdendo a confiança. Por mais que tentem, a falta de gratidão do filho fere ainda mais o coração deles.

Em uma situação assim, os pais nunca desejarão o mal para o filho e também não deixarão de amá-lo. Sempre que precisar, estarão ali, estendendo as mãos. Mas, aos poucos, poderão perder algo muito precioso, o relacionamento com ele. E se acostumarão a viver sem a sua presença.

Não desistirão, mas também não conseguirão se relacionar com o filho. Ao praticarem suas atitudes erradas, os jovens se firmam no amor dos pais, mas não sabem que não é esse sentimento o que segura um relacionamento.

Podemos usar outro exemplo, o do marido que trai, por anos, a esposa. Como diz um dito popular, "Um dia a casa cai". E ela cai mesmo. O relacionamento vira ruínas e os destroços acabam tampando o amor. A pessoa não consegue mais ver esse sentimento pelo outro por causa de todo lixo e bagunça dos escombros. E limpar pode ser algo bem mais complicado.

Reconstruir as colunas para restaurar um relacionamento é mais difícil do que cuidar delas para que não se destrua tudo o que foi construído. A verdade é que o amor ainda está lá, onde ninguém consegue ver.

Essa reconstrução é algo possível, mas demanda dedicação e tempo. As pessoas envolvidas no processo precisam ter a consciência de que aquela estrutura nunca mais será a mesma. Ela poderá até ficar melhor do que a primeira, mas jamais será da mesma forma. Há, porém, quem nem tente isso, pois uma das colunas chamada "confiança" se deteriorou com os estragos.

As atitudes daquele que feriu com o ofendido realmente nunca mais poderão dar vestígios de serem as mesmas. Quando o relacionamento está nesse nível, as palavras não importam. Usá-las é algo em vão. Até porque o remorso costuma vestir a capa de arrependimento. Então, lágrimas e discursos não poderão sanar o problema.

Somente o tempo e as atitudes mostrarão que realmente aquele que ofendeu mudou e está restaurando a coluna da confiança. Quem foi ferido, com certeza, ficará observando não as palavras, mas os comportamentos. Apenas o arrependimento leva a pessoa a mudar de postura. E somente uma convivência íntima pode dizer quem de fato teve mudança.

"O perdão é o remédio para nos mantermos sadios"

Carlos Alberto Lisboa de Almeida

Nunca será fácil uma restauração, pois será preciso retirar os destroços. Na prática, isso significa confronto, que é o que nos mostra quem realmente somos. O caminho de quem errou é aceitar ser confrontado e buscar a mudança. O perdão aqui fala de remover os entulhos de cima da base. Apenas assim conseguiremos ver que amamos a pessoa.

Após limpar os entulhos, poderemos finalmente restaurar as colunas, do respeito, da consideração, da confiança e da gratidão. Só Deus, o tempo e a dedicação poderão realizar essa obra novamente. Infelizmente, muitos relacionamentos, mesmo no Evangelho, não são restaurados. No seu lugar, são construídos novos, ou seja, outros cônjuges, outras famílias, outros ministérios. E isso quando todas essas coisas não acontecem de uma só vez.

A pessoa que está em um relacionamento ferido, muitas vezes, cria novas feridas. Também traz o seu passado para viver com ele. Quando aquilo que passou não é resolvido, quando tentamos superar sem conserto, no início pode ser um mar de rosas, mas depois vêm os espinhos.

Precisamos analisar o motivo do nosso relacionamento com tais pessoas estar ruindo. E não nos firmar apenas no amor. Temos que entender que constantemente é preciso cuidar das colunas, restaurá-las rotineiramente, dedicar tempo, para que não sejam danificadas.

Perdão e relacionamento

É necessário entendermos que, mesmo que alguém perdoe, não conseguirá se relacionar como antes. Sempre estará presente quando for preciso, mas não confiará mais. Ele poderá até ter disposição em passar as mesmas situações, mas o fato da outra pessoa não ter mudado em nada passa a ser algo sem importância. Então, são gerados outros relacionamentos.

"O perdão é a chave que abre as portas, dando o que recebemos; então, sejamos perdoadores e seremos mais do que vencedores"
João Batista Martins

Para que haja um bom relacionamento, é preciso o olhar de cada um para dentro de si. Se a outra pessoa for se afastando, temos que verificar no que necessitamos mudar. Um caminho é deixar cobranças de lado e demonstrar amor e interesse pelo próximo. Não só nos finais de ano e nas comemorações especiais, mas sempre, diariamente, rotineiramente.

Os dois lados têm que perder. Ambos devem estar dispostos a isto: Abrir mão se si para conviver bem. Todo relacionamento é formado na "perda", seja na família, no trabalho, no ministério, nas amizades. Não é somente eu quem importa e sim o outro. Qualquer relação unilateral não perdura. Precisa ser bilateral.

Fazer algo que não quer só para agradar a pessoa que ama é prazeroso. Ajudar alguém a realizar um sonho pessoal nos torna alguém mais humano e feliz. Não abra mão de quem Deus colocou em sua vida. Ele sabe o porquê de você ter nascido nessa família, estudar nessa escola e se casar com o seu cônjuge, ganhando seus familiares de presente também.

Quero orar por você:

"Senhor, da maneira como me ensinou a olhar para dentro de mim, eu peço a ti que o Espírito de Fortaleza e que o Espírito da Graça entrem nos sentimentos e pensamentos de cada leitor agora, neste momento. Este livro só está em suas mãos para poder ajudá-lo a perdoar. Pai, ele só está lendo porque decidiu ficar livre de suas amarguras e ter um coração limpo e contrito. Ajude-o agora, por favor. Ajude-o a ter um coração pronto a perdoar, não por capacidade própria, mas pelo seu Espírito. Para que todos saibam, considerem e entendam que o Senhor fez isso e que o Santo de Israel o criou. Em nome de Jesus! Amém".

Agora ore comigo:

"Pai, eu decido perdoar! Mas, Espírito da Graça, de mim mesmo eu não consigo. Então, entre agora nos meus sentimentos (fale aqueles que estão feridos). Abro mão deles e escolho pelo perdão. Libero "Fulano de Tal" (diga o nome ou os nomes de quem te magoou) e o perdoo, em nome de Jesus. Sou livre de toda dor. Senhor, arranque toda raiz de amargura da minha vida! Cristo, derrame do seu sangue sobre tudo aquilo que sinto e penso e traga

purificação. Onde estiver a raiva, o ódio, a antipatia, a dor (declare o que te fere), mude e transforme. Espírito Santo, pense em meus pensamentos, sinta em meus sentimentos, ore através de mim. Em nome de Jesus! Amém".

CONCLUSÃO

Até aqui vimos situações que o dinheiro não compra, como paz e alegria. Não tem preço deitar na cama sem ficar remoendo dores. Ou olhar no espelho pela manhã e poder conviver bem consigo. Ou ainda apreciar circunstâncias mínimas, como diz a própria Bíblia: "Não desprezeis as pequenas coisas" (Zacarias 4:10). É preciso valorizar cada hora e dia de sua vida com pessoas e lugares que ama. Busque não depender mais de remédios e atrativos para esconder ou ajudar a se livrar de seu próprio interior.

Voltar ao primeiro amor, por Deus, por nós e pelo próximo, não tem preço. As dívidas e ofensas de que abrimos mão quando perdoamos agora não significam nada mais para nós, pois passamos a valorizar coisas que não valorizávamos mais. Nosso objetivo de vida, nossa visão e nossos valores mudam.

Não desprezes as pequenas coisas
(Nilce Sousa)

O sentir agora tem valor para nós
Sentir o vento em nosso rosto
Sentir o toque de quem amamos
Sentir a diversidade de sabores
Sentir a água escorrendo em nosso corpo

O ver tem um valor maravilhoso para nós
Ver as cores de um pássaro
Ver a forma das pessoas que amamos
Ver as cores da natureza e do arco-íris

Ouvir é maravilhoso
Ouvir uma música que nos inspira
Ouvir o que gostamos e até o que não gostamos
Ouvir o zunido de vento

Apreciar...
Apreciar uma criança se divertindo
Apreciar o salgado e o doce
Apreciar o movimento das pernas e dos braços

As pequenas coisas são enormes quando temos a sua ausência. Se nos dedicamos a elas, passam a ter um significado grande para nós, pois não precisamos mais lutar com nossa tristeza e estamos prontos para o que realmente têm valor. Nada ou ninguém pode dar isso a nós. Passamos a ver pecados, erros e falhas com compaixão e não com ira, entendendo que não estamos isentos de que aconteçam em nossas vidas também.

As enfermidades psicossomáticas ou da alma não devem fazer mais parte de nossas vidas. Deitamos em paz, dormimos e acordamos porque o Senhor nos sustentou. Quer comamos, quer bebamos, façamos tudo para a glória dEle, como indica 1 Coríntios 10:31. Aprendemos a perder, abrir mão e não ter direito. Tudo veio de Deus, é de Deus e voltará para Deus.

Espero que este material ajude você a perder, a perdoar, a ser perdoado e a aprender a ser uma pessoa melhor. Amo sua vida. Que Deus te abençoe!

RESULTADO DO PERDÃO

Concluída a parte principal de "Coração Perdoador" e depois de feitas todas as considerações que, orientada pelo Senhor, entendi que deveriam ser compartilhadas, abro espaço para um complemento que deverá enriquecer e muito o conteúdo deste livro.

Nas próximas páginas, estão inclusos depoimentos e mensagens de alguns pastores amigos. Atendendo ao meu convite, eles reforçam e expandem o entendimento do assunto aqui tratado, falando a respeito do "Resultado do Perdão", nos seus mais variados aspectos.

Que você continue a leitura e possa aprender ainda mais sobre o perdão. E que as palavras que homens e mulheres de Deus acrescentam a seguir sejam edificadoras e abencoadoras na sua vida.

Os benefícios do perdão
para a família

Todos nós sabemos que perdoar não é nada fácil. É muito difícil lidar com as dores e com os prejuízos emocionais e espirituais causados pelas feridas e mágoas. O produto da injustiça, da traição, da deslealdade e do abandono é muita frustração e tristeza. Principalmente se esses machucados e sentimentos destruidores foram causados por quem amamos e deveria nos proteger ou por quem temos muito apreço, como pai, mãe, cônjuge, irmãos, filhos ou amigos íntimos.

O fato é que, quanto mais significativa for para nós a pessoa que nos fere, mais devastadores serão os efeitos dessas feridas. Olhando pela ótica de quem foi ferido e machucado, realmente não é nada fácil liberar perdão. Porém, perdoar é mais do que necessário! É fundamental para que haja cura e restauração, tanto da saúde emocional como relacional.

Quantos não caem no engano de achar que perdoar quem se ama deve ser algo automático e fácil? Por essa razão, muitos consideram desnecessário corrigir quando causam feridas nos seus amados. Mas maridos e esposas, pais e filhos, irmão naturais e espirituais precisam pedir perdão uns aos outros e também precisam liberá-lo sempre.

No conserto que acontece através do perdão, há grandiosos benefícios para a saúde física, emocional, espiritual e relacional da família. Pois, quando o mesmo é concedido de verdade, uma boa lista de fatos acontece:

1. É liberado um peso, um fardo terrível de ressentimento, raiva e descontentamento que a pessoa ferida e magoada carregava;

2. Há o alivio imediato das dores emocionais causadas pelas feridas;

3. Há a libertação tanto dos efeitos devastadores das feridas como da pessoa através do "desligar de almas";

4. Há a diminuição do estresse e a eliminação da contaminação de toda a alma pela amargura;

5. Começa um processo de restauração da alegria, do bom humor, da comunhão, da comunicação e de tudo o que é bom e que foi travado e retido por conta do machucado;

6. Há um retorno do processo de crescimento.

Amados, é impossível que vivamos em família e não nos machuquemos e não nos magoemos. Por isso, Deus nos incita em sua Palavra a aprendermos o valor do perdão.

O diabo tenta convencer as pessoas feridas de alma de que é mais fácil "chutar o balde" e romper com as relações, como mecanismo de defesa e de eliminação da possibilidade de novas feridas. Aprender a perdoar e a amadurecer nos confrontos e enfrentamentos nas relações familiares é necessário. Isso nos faz pessoas maduras.

Quantos hoje estão felizes e realizados por não terem dado ouvidos à voz do inimigo? Mesmo sendo injustiçados, perdoaram os pais, ao invés de romperem com a cobertura deles. Quantos casamentos de sucesso, ao longo da caminhada, enfrentaram e superaram pelo perdão situações devastadoras, como agressões, desrespeito e até traições?

Se pararmos para observar, iremos constatar que perto de nós, no nosso círculo de relacionamento e até em nossa família há histórias de pessoas que deram a volta por cima e se tornaram vencedoras. Elas têm sucesso porque fizeram a melhor opção, segundo o coração de Deus. Fizeram a opção pelo perdão.

Amauri Duarte
Pastor-presidente da Igreja Batista Semente de Vida, Caldas Novas (GO), e conselheiro da Geração do Bem

Perdoar é preciso!

Dos cincos ministérios citados em Efésios 4:11, o desígnio dos pastores é uma missão fascinante, porém é uma jornada dolorosa. Ensinar a Igreja sobre o perdão é algo inevitável para quem pastoreia, pois o ato de perdoar é mandamento bíblico.

Mas será que, no tocante à pregação sobre esse assunto, nós, pastores, vivemos o que ministramos nos altares? O perdão é vital para a saúde espiritual e emocional de qualquer pessoa, inclusive do líder espiritual. A Bíblia indica que não podemos ser presunçosos. Em Colossenses 3:12, Paulo nos diz para termos um coração pleno de compaixão, bondade, humildade, mansidão e paciência.

Ele sabia o que era trabalhar com gente (Igreja). Ao lidar com várias pessoas distintas, estamos completamente sujeitos a ferir, mas, por outro lado, podemos ser feridos. Aquele que Jesus levantou para estar à frente de seu povo é suscetível a ser alvo de difamações, ingratidões, rebeliões, motins, entre tantas outras situações que podem magoar. E quantos de nós, pastores, não trazemos esse sentimento em nossos corações? Quantos não carregamos mágoas ministeriais e até em relação a outros pastores?

O perdão não é um sentimento e sim uma decisão. É atitude para homens e mulheres que buscam por maturidade, que anelam a condição de servos obedientes à poderosa e inabalável Palavra do Senhor. Leia a passagem do credor incompassivo, em Mateus 18:23-35, e note que o rei perdoou primeiro, assim como acontece na nossa história com Jesus. Se hoje conseguimos perdoar é porque Ele, o Rei dos Reis, nos perdoou primeiro.

Posteriormente a Cristo, que é cabeça da Igreja, os pastores são constituídos de autoridade entre a congregação. O próprio Deus perdoou os nossos pecados e assim também devemos proceder (Colossenses 3:13). É sabido que "é melhor obedecer do que sacrificar" (1 Samuel 15:22).

Israel Demétrius e Talita Romão
Pastoras da Igreja Reviver Para Cristo, Caldas Novas / Conselheiro da Geração do Bem

Quando o pai perdoa o filho

Quando um pai perdoa um filho, dá legalidade para que a bênção de Deus recaia sobre a família, visto que é o cabeça e só pode abençoar sua casa se estiver de coração limpo. Esse homem está vivendo os ensinamentos de Jesus, levando os seus familiares a fazerem o mesmo pelas gerações que virão. Tudo o que plantar hoje poderá colher amanhã. No momento de velhice ou enfermidade, colherá o que semeou.

A restauração entre eles irá levá-los a permanecerem mais unidos ainda no momento de dificuldade. O filho vê que o pai não só ouve o Evangelho, mas o pratica. E, por praticar, tem mais autoridade para ensinar a Palavra para a família. Não se deve apenas ouvir, mas exercitar os ensinamentos de Cristo.

A falta de perdão de um pai impede as bênçãos na sua própria vida e na família. Ele só pode exercer a função de sacerdote como o coração em liberdade. Se não for assim, com o tempo, os familiares se afastarão, até o ponto das próximas gerações sequer se conhecerem.

Carlos Alberto Lisboa de Almeida
Pastor-presidente Igreja Batista Renovada Casa de Oração, Caldas Novas, e diretor financeiro da Geração do Bem

Alguém que se perdoa

O resultado na vida de alguém que se perdoa é sobrenatural, pois se liberta da culpa que o condenava ou da cobrança exacerbada que pesava sobre ele, passando a viver em um lugar de liberdade plena estabelecida. As Escrituras dizem: "Dos teus pecados, Eu não me lembro mais" (Isaías 43:25). Essa verdade entra como "rhema", ou seja, uma palavra revelada, que vai lavando o interior da pessoa e trazendo-a para um lugar de aceitação em Deus.

Como filho de Deus, quem se perdoa passa a viver em paz interior, em condições de caminhar e de voltar a sorrir, a sonhar. A Palavra é clara: "Eu é que sei que pensamentos tenho a vosso respeito, diz o Senhor; pensamentos de paz e não de mal, para vos dar uma esperança e um futuro" (Jeremias 29:11). Ou seja, você encontra um lugar de descanso, de dependência de um Deus Soberano, que tem o domínio da sua vida em suas mãos. Nesse lugar, não existe condenação nem acusação. Apenas paz e descanso.

Adriana A. S. Mendes
Pastora e diretora da Escola de Caráter e Missões da MCM, Trindade (GO)

Quando alguém peca contra a sociedade, se arrepende e é perdoado

Quando um ofensor se arrepende, o resultado é de alívio e de paz interior. Se alguém está em pecado e simplesmente não quer abandonar a vida de erros, o inimigo o cega, o usa para ser palhaço dele e o transforma num objeto de zombaria. Foi assim na vida de Sansão, quando brincou com seu dom. Ele perdeu as forças para buscar a Deus, perdeu a visão espiritual e ficou rodando no moinho da vida (Juízes 16).

Assim somos nós. Por vezes, nossas vidas se tornam trajetória em círculo, com nada dando certo. Precisamos dar passos de arrependimento. Veja alguns deles:

1. Ficar envergonhado por ter pecado e sentir profunda tristeza segundo a vontade de Deus. Isso leva ao arrependimento;

2. Reconhecer que errou e deixar o orgulho de lado. Em Salmos 51, no qual Davi clamou por misericórdia, vemos a tristeza profunda e o arrependimento sincero dele. Isso fez com que o favor de Deus descesse sobre sua vida.

Confessar primeiro a Deus e depois procurar alguém que tenha maturidade espiritual e que seja de confiança nos ajuda muito. Essa atitude gera cura para a alma e traz paz interior. E as bênçãos do Senhor são desatadas nas nossas vidas.

Lana Palafox

Pastora e missionária nos Estados Unidos

Uma pessoa que perdoa a outra

A decisão de perdão na vida de uma pessoa traz tantas curas e milagres que, se todos soubessem como é importante perdoar, não haveria essa grande quantidade de doenças que existem nos dias de hoje.

O perdão de fato concretizado traz paz, alegria, libertação, restauração, prosperidade e cura. Ele constrói proteção quanto às enfermidades da alma, que tanto tem atingido a humanidade desse século.

Ana Paula Mendes

Pastora da Igreja Presbiteriana Renovada, Unaí (MG)

A vida de uma pessoa que muda de ministério ou emprego

Perdoar não é sentimento nem tampouco esquecimento. Perdoar é estar livre de mágoas, de ressentimentos ou de qualquer pensamento de vingança.

Quem perdoa é alguém mais feliz e aberto para receber o melhor de Deus. Ele se transforma em uma pessoa capaz de amar de maneira incondicional, experimenta o perdão do Senhor e vive o verdadeiro amor. Sai das decepções, do sentimento egoísta de mágoas e ressentimentos para uma vida de paz e harmonia. É liberada a cura espiritual e se torna livre para perdoar.

Ao longo do tempo, tenho observado que muitas pessoas estão doentes por falta do exercício do perdão. Não conseguem ter uma vida abundante e de bênçãos liberadas por Deus. Não sentem amor nem mesmo por elas e vão definhando.

Paulo Caixeta
Pastor-presidente da Igreja Comunhão e Família, Caldas Novas, e conselheiro da Geração do Bem

Resultado do perdão no casamento

No casamento, a todo o tempo, temos que estar na posição de perdoadores, o que traz o refinamento do amor. Poderíamos dizer que o resultado disso é a possibilidade de zerar as contas emocionais e renovar a relação a dois. Não existe convivência humana sem o perdão. Ele é necessário e também passa pela evolução humana e conjugal.

Para que se tenha um relacionamento duradouro por fora, o perdão tem que vir de dentro. Perdoar é a essência de Deus: "Assim como o Senhor perdoou vocês, perdoem uns aos outros. E, acima de tudo, tenham amor, pois o amor une perfeitamente todas as coisas" (Colossenses 3:13 e 14).

O amor e o perdão são sentimentos que devemos expressar não somente em palavras, mas em gestos e atitudes. Eles permitem ao casal vencer sentimentos negativos, vingança, raiva, amargura e feridas na alma. Assim, o amor de Cristo também é trazido para o relacionamento. Perdoe a quem te ofendeu. Dê esse presente de graça para seu cônjuge!

João Guimarães
Pastor da Assembleia de Deus Vila Nova, Caldas Novas, e diretor financeiro da Geração do Bem

Manter uma consciência limpa

Somos construtores de Deus, cooperadores da construção de uma vida harmoniosa e cheia de paz.

"Aquele que encobre as suas transgressões jamais prosperará, mas quem as confessa e deixa alcançará misericórdia."
Provérbios 28:13

A prioridade de Deus ainda é a misericórdia e a salvação para aquele que se arrepende. Nossas justiças são como trapo de imundícia, que só serve para ser jogado fora, condenar e matar. Quem somos para nos colocarmos como juízes de nosso irmão?

O perdão é um ato consciente. Ele não é só um sentimento, mas uma decisão. Deve ser contínuo no passado, no presente e no futuro. É do espírito e não da carne nem da alma. Não precisamos estar "cheios do Espírito Santo" para que perdoemos. Basta decidirmos por isso.

O perdão é beneficio para o ofendido e também para ofensor, deixando os dois livres para a felicidade. Quando entendemos isso rápido, encontramos o caminho para a verdadeira libertação.

Cristina Septimio e José Carlos
Pastores em Goiânia (GO)

"Abrir mão do que estamos "segurando" contra nós é necessário, para que possamos pegar nas mãos de Deus e seguir em frente"

Nilce Sousa

BIBLIOGRAFIA

ALMEIDA, João Ferreira de. Bíblia Sagrada. Sociedade Bíblica do Brasil.

ROGERS, Carl. Terapia Centrada no Cliente. Lisboa: Ediual, 2004.

SOUSA, Nilce. Desafios da Águia 1 – Vida Cristã. Trindade: MCM Publicações, 2012, 2ed.

SOUSA, Nilce. Desafios da Águia 2 – Voltando ao Primeiro Amor. Trindade: MCM Publicações, 2012.

SOUSA, Nilce. Desafios da Águia 3 – Diamante. Trindade: MCM Publicações, 2012.

SOUSA, Nilce. No Sonhar, um Despertar. Trindade: MCM Publicações, 2012, 2ed.

SOUSA, Nilce. Mergulhando em Deus. Trindade: MCM Publicações, 2013.

SOUSA, Nilce. Apostila de Discipulado 1 x 1 – Oração (2017). Caldas Novas: Cevi Produções, 2017.

Maia, Sandra Assis. As Consequências da Falta de Perdão. <Disponível em https://www.dm.com.br/opiniao/2015/07/as-consequencias-da-falta-de-perdao.html> Acessado em janeiro de 2018.

Amaral, Arilson Barbosa. Doenças Psicossomáticas. <Disponível em https://www.portaleducacao.com.br/conteudo/artigos/psicologia/doencas-psicossomaticas/19962.> Acessado em janeiro de 2018.

Araújo, Anderson. Maldição ou Bênção? O que a mulher de Jó proferiu a Deus. <Disponível em http://espacokoinonia.blogspot.com.br/2011/02/maldicao-ou-bencao-o-que-mulher-de-jo.html> Acessado em janeiro de 2018.

Dicionário Aurélio <Disponível em https://dicionariodoaurelio.com/> Acessado em janeiro de 2018.

SOBRE A AUTORA

Nilce Sousa é natural de Caldas Novas (GO), pastora há mais de 20 anos e presidente do Cevi - Centro de Evangelismo / Geração do Bem. Formada em Teologia, é também capelã e escritora.

CONTATOS

E-mail: ceviproducoes@gmail.com
Facebook: Nilce Sousa
YouTube: Nilce Sousa
Telefone: (64) 3453-1246
Caldas Novas (GO), Brasil